U0872380

总主编
李安

乡村法律明白人

农村土地、宅基地政策法律100问

杨 杰 / 著

法律出版社 LAW PRESS · CHINA
北京

图书在版编目(CIP)数据

农村土地、宅基地政策法律100问 / 杨杰著. -- 北京：法律出版社, 2022(2024.12重印)
("乡村法律明白人"系列 / 李安总主编)
ISBN 978-7-5197-6735-8

Ⅰ. ①农… Ⅱ. ①杨… Ⅲ. ①农村-土地法-中国-问题解答②农村-住宅建设-土地管理法-中国-问题解答 Ⅳ. ①D922.325

中国版本图书馆CIP数据核字(2022)第081639号

农村土地、宅基地政策法律100问
NONGCUN TUDI、ZHAIJIDI ZHENGCE FALÜ 100 WEN

杨　杰　著

策划编辑 冯雨春　朱海波
责任编辑 朱海波　李　军
装帧设计 汪奇峰

出版发行 法律出版社
编辑统筹 法律应用出版分社
责任校对 邢艳萍
责任印制 刘晓伟
经　　销 新华书店

开本 A5
印张 10.375　　字数 166千
版本 2022年9月第1版
印次 2024年12月第5次印刷
印刷 天津嘉恒印务有限公司

地址:北京市丰台区莲花池西里7号(100073)
网址:www.lawpress.com.cn
投稿邮箱:info@lawpress.com.cn
举报盗版邮箱:jbwq@lawpress.com.cn
销售电话:010-83938349
客服电话:010-83938350
咨询电话:010-63939796
版权所有·侵权必究

书号:ISBN 978-7-5197-6735-8　　定价:48.00元
凡购买本社图书,如有印装错误,我社负责退换。电话:010-83938349

总序

习近平总书记指出:“实施乡村振兴战略是关系全面建设社会主义现代化国家的全局性、历史性任务。”乡村振兴成为我国全面建设社会主义现代化强国进程中的重大任务,也是实现中华民族伟大复兴的一项重大战略。党的十九大报告同时指出要构建“自治、法治、德治相结合的乡村治理体系”。

我国面向乡村基层长期开展普法工作,至今已经步入第八个五年规划,经过不懈努力,乡村广大群体的法治意识在社会经济腾飞的同时也有了巨大的提升,但随着社会的不断发展,就大多数乡村公民而言,所具备的法治素养尚无法满足新时代的发展需求。乡村的主体是农民,乡村振兴的主要主体也是农民,实施乡村振兴战略关键是要调动广大乡村农民的主观能动性和创造性,引导乡村农民知法、守法、依法办事,这需要乡村农民群体具备必要的法律知识。

我国于2021年颁布《乡村振兴促进法》,为乡村振兴战略提供了实施的法律依据,推动出台满足乡村振兴战略发展需求的新政策和新法规,在此基础上我国乡村振兴法律体系得以初步构建并逐步完善。首先,乡村振兴的相关法律具有分散性。乡村振兴法律体系中的大部分具体法律知识散落于各部单行法律之中,并没有集中在一部统一的法律当中。其次,乡村振兴法律体系具有系统性。随着全面依法治国的逐步推进,我国法律体系日趋完善,乡村振兴法律体系日渐成型,呈现系统性特征,原因在于一个完善的乡村振兴法律体系是国家治理体系和治理能力现代化的重要标志,是一项系统工程,不仅包含现代化的法治理念,更是体现新时代特征的治理模式。另外,构建系统的乡村振兴法律体系能够满足不同阶段、不同形态的发展需求,为乡村振兴的未来发展提供充分的制度空间。最后,乡村振兴法律内容具有全面性。乡村振兴战略涵盖产业发展、人才支撑、文化繁荣、生态保护、组织建设以及城乡融合等多方面,因此单一法律显然无法面面俱到,只能在既有法律体系的基础上突出乡村发展的特色和原则。

乡村振兴法律规范的分散性影响了广大乡村基层群体便捷地获取日常所需的法律知识,尤其是乡村发展切身相关的法律知识。乡村农民往往只能在生产生活中通过普法活动、媒体宣传等有限渠道进行碎片化了解或学习,因而出版一套包含乡村振兴法律知识体系的通识性读本有充足的必要性。本系列丛书注重内容的实用性与法律的准确性,在内容上涵盖产业、土地、生态、生产资料、基层组织等方面,能够更好地帮助乡村基层群众在推进乡村振兴战略的过程中获取必要的体系性、通识性政策与法律知识,从而提升乡村农民的法治认知水平。希望本丛书有助于推进乡村治理的法治化、现代化,指导和帮助乡村农民提升法治素养,学会优先依靠法律开展生产、从事经营、保护自身合法权益；有助于促进法治在乡村振兴发展中发挥作用，从而适应当前的新形势和新发展；有助于推动乡村治理的依法建设，使法治为乡村振兴战略保驾护航，真正落实科学立法、严格执法、公正司法和全民守法的新时代法治基本要求，实现高质量发展，促进共同富裕。

李 安
杭州师范大学沈钧儒法学院教授、博士生导师
青少年法治教育中心主任
浙江省法治教育研究中心主任
中国行为法学会法律风险防范研究会副会长

目录

第一章　土地承包经营权确认纠纷

第二章　承包地征收补偿费用分配纠纷

第三章　土地承包经营权流转纠纷

第四章　涉土地承包经营权离婚、继承纠纷

第五章　林地纠纷

第六章 宅基地政策解读

第七章 宅基地使用权纠纷

第八章 涉农村土地侵权纠纷

第九章 涉农村房屋分割纠纷

第十章　其他涉农地纠纷

附 录

CHAPTER

1

第一章

土地承包经营权确认纠纷

01 外来媳妇有资格获得承包地征收补偿费吗？

疑惑

李某(男)是甲村第一村民小组的村民,以李某为户主的家庭户承包经营甲村第一村民小组集体土地。2009年,徐某(女)和李某结婚,并将户口迁入李某家庭户内。结婚后徐某一直跟随李某在甲村生活,婚前徐某所在的村集体便不再向徐某分配集体收入。2016年11月,李某所在的县政府征用了甲村第一村民小组的6亩集体土地作为县市政道路桥梁改扩建项目建设用地。因土地征收,李某所在的第一村民小组获得土地补偿费、安置补助费、新农村建设费、安置补助费共计60余万元。2017年8月18日,甲村第一村民小组召开村民会议并制定了分配方案,方案确定:按1996年第二次土地调整分得土地的个人人数来分配。甲村第一村民小组根据该方案分配给符合分配资格的村民每人3800元,以户为单位发放。徐某有资格分得上述征地补偿款吗?

解析

农村土地属于农民集体所有,集体土地被征收产生的收益应归集体经济组织所有,集体经济组织可以依照法律规定的民主议定程序,决定在本集体经济组织内部分配已经收到的土地补偿费,征地补偿安置方案确定时已经具有本集体经济组织成员资格的人享有平等的分配权。农村土地以户为单位承包,而非个人承包,承包经营权是农户享有,而非户内成员各自单独享有。

在上述案例中,徐某因结婚将户口迁入李某家庭户,成为李某家户内的家庭成员,且徐某不再享有原集体经济组织权益,根据"增人不增地、减人不减地"的基本原则,徐某享有的土地承包经营权应计入李某家户内,且徐某婚后一直在甲村土地进行生产经营,故认定徐某因嫁入而取得甲村第一村民小组集体经济组织成员资格。征地发生在2016年11月,涉案征地补偿安置方案确定时,徐某已具有甲村第一村民小组的集体经济组织成员资格,故其对涉案征地补偿款享有平等的分配权。2017年8月28日,甲村第一村民小组虽然经过村民会议讨论,形成通过多数人同意的分配方案,决议的程序符合法律规定,但决议中关于"按1996年第二次土地调整分得土地的个人人数来分配"的内容侵害了徐某获得同等待遇的权利,该决定内容无效。故徐某虽为外来媳妇,但仍有权要求甲村第一村民小组向其支付承包地征收补偿费3800元。

依据

《中华人民共和国村民委员会组织法》第27条

最高人民法院《关于审理涉及农村土地承包纠纷案件适用法律问题的解释》第 22 条

02 出嫁多年的外嫁女能获得土地补偿分配款吗?

疑惑

刘某是甲村第一村民小组的村民,刘甲、刘乙、刘丙、刘丁、刘戊是刘某的婚生女,分别于 1998 年 12 月、2001 年 12 月、2006 年 1 月、2006 年 11 月、2017 年 6 月登记结婚。刘甲、刘乙、刘丙、刘丁婚后将户口迁入夫家,刘戊还未迁移户口。王某是刘某的儿媳,2001 年因婚嫁将户口迁移至甲村第一村民小组生活至今。1981 年土地承包到户时,已经出生的刘甲、刘乙、刘丙获得了集体经济组织分配的承包地。2018 年 9 月,甲村第一村民小组与县征地拆迁办公室签订土地征用协议,获得集体土地征收补偿款 556 万余元。2019 年 5 月,甲村第一村民小组召开村民会议并制定了分配方案,方案确定:虽然是本村户口,但已嫁到外地且户口还未迁出的,不属于本村现有人口,不发放集体土地征收补偿款。刘甲、刘乙、刘丙、刘丁、刘戊、王某谁有权获得上述补偿费?

解析

征地补偿费是对土地所有者的补偿，甲村第一村民小组可以根据自治原则自行制定分配方案，但是不得与法律相抵触而侵犯公民个人的合法权益。村民是否具有本村集体经济组织成员资格、是否能参与征地补偿费分配的前提。对于农村集体经济组织成员资格的认定，应当以形成较为固定的生产、生活，并依法登记所在地户口为形式要件，以是否需要本集体经济组织农村土地为基本生活保障为实质要件，作为判断取得和丧失农村集体经济组织成员资格的标准。

在上述案例中，刘戊自出生取得该村民小组集体经济组织成员资格，虽已婚嫁但结婚时间短，户口尚未迁出，即使现在不在甲村第一村民小组生产、生活也符合社会发展情况，因此仍应认定其具有甲村第一村民小组集体经济组织成员资格。王某婚后已将户口迁到该村民小组，且已经在甲村土地上辛苦劳作，生产经营积累了近20年，应当具有甲村第一村民小组集体经济组织成员资格。故刘戊、王某有权要求甲村第一村民小组向其支付承包地征收补偿费。

刘甲、刘乙、刘丙、刘丁出生在该村民小组，原始取得了该村民小组集体经济组织成员资格，但其婚后均已将户口迁出，且实际在夫家生产生活、原始积累10余年，应认定其具有夫家所在集体经济组织成员资格，从而丧失娘家即甲村第一村民小组集体经济组织成员资格。故刘甲、刘乙、刘丙、刘丁无权要求甲村第一村民小组向其支付承包地征收补偿费。

依据

最高人民法院《关于审理涉及农村土地承包纠纷案件适用法律问题的解释》第22条

03 “新生儿”能获得自留地征地补偿费吗？

疑惑

甲村第一村民小组村民张三与李四婚后生育一子张小。2013年，张小与本村村民杜某婚后生育一子张小小，出生后同年，张小小因出生落户至该组。2016年，因某项目建设需要，征收甲村土地44亩，补偿费共33万余元，就该补偿费的分配问题，甲村召开村民会议，决定：二轮土地承包后新增人口不应分配。那么张小小有权获得上述补偿费吗？

解析

农民集体所有的不动产和动产,属于本集体成员集体所有。张小小的父亲张小是甲村第一村民小组的成员,在该组生产、生活并依法登记了常住户口,依法应享有集体经济组织成员的权利。张小小出生于征地方案公布之前,且出生入户到甲村,自然应当属于甲村的集体经济组织成员,因其尚属幼儿,暂时难以为甲村的土地进行生产经营和原始积累,但并不妨碍其集体经济组织成员的取得,甲村第一村民小组对其不予分配本次权益,侵害了其作为集体经济组织成员的权益,应当予以撤销。以上几个案例属于司法实践中最为常见的案件类型,核心在于集体经营组织成员资格的认定。村民会议实行少数服从多数的决议制,多数村民会考虑该类人员取得分红会对其他成员的福利质量造成影响,且认为未对本村土地生产经营作出过贡献,所以容易形成拒绝分红的决议。但是我们应当考虑到少数人的利益保护,对于外嫁女、新生儿、丧偶妇女等群体,综合考虑原始情况、户籍迁移、生产劳作等因素,进行妥善认定,以达到公平公正平衡各方利益的价值目的。

依据

最高人民法院《关于审理涉及农村土地承包纠纷案件适用法律问题的解释》第22条

04 丧偶妇女还享有土地承包经营权吗？

疑惑

胡某与郭某系夫妻关系，1988 年生育一子郭小某。1998 年农村土地二轮承包时，郭某取得了甲村 7.3 亩土地承包经营权，并以郭某为户主取得了当地县政府颁发的农村土地承包经营权证书。2000 年，郭某去世。2002 年，郭小某、胡某将土地交由刘某代种。2014 年，甲村将该土地统一流转给他人种植，郭小某、胡某对该流转行为予以认可。但村里一直以郭某去世为由未向郭小某支付土地流转费用。那么，胡某、郭小某有权主张土地流转费用吗？

解析

国家保护集体土地所有者的合法权益，保护承包方的土地承包经营权，任何组织和个人不得侵犯。土地承包经营权人对其承包经营的土地享有占有、使用和收益的权利，家庭承包经营的承包方是农户而不是个人。

在上述案例中，1998 年农村土地二轮承包时，郭某一户依法取得该土地的土地承包经营权，此时郭小某、胡某系其家庭成员，是该户的成员，也是承包经营权的共同权利人。郭某去世后，甲村在2014年将该土地统一流转给他人种植，依法应当将土地流转费支付给家庭中的其他土地承包经营权权利人。

依据

《中华人民共和国农村土地承包法》第9条、第16条第1款、第36条

05 承包方家庭成员变更为非农业户口后，土地承包经营权一定会丧失吗？

疑惑

甲村根据村民代表大会进行确权、确地，每人1.6亩土地，均为耕地。确定各户后，甲村与户主签订合同书并发放土地收益证，承包期限为2004年至2028年。合同书有三个版本，黄某属于确收益（无地）情形。2004年确地、确收益时，黄某同意将本户（含妻与子）享有承包经营权的土地4.8亩流转给甲村经营。黄某之子黄小某于2007年就读中专，应学校要求将户口转为非农业户口。甲村以此为由，在2007年将黄某户享有承包经营权的土地亩数由4.8亩变更为3.2亩。自此，甲村均按照两人向黄某发放土地收益款，未再发放黄小某的土地收益款。那么，黄小某还有权主张上述土地收益款吗？

解析

黄某与甲村村委会之间先是达成了农村土地承包合同关系，从村里承包了土地，之后又因集约经营流转将土地流转回了村里统一经营，以上合同关系均系双方当事人的真实意思表示，且不违反法律、行政法规的强制性规定，应属有效，双方当事人均应恪守履行。一般来讲，村委会和村民之间关于土地的收益方案分为确权、确地、确利三种类型，甲村于2014年通过确收益（确利）的方式将本村土地承包给黄某及其户里其他两位成员，承包期限均为2004年至2028年。按照上述“增人不增地、减人不减地”的土地政策，即使黄小某后来变更为非农业户口，也不影响其土地权益。甲村未按约支付土地收益款，已经构成违约，理应承担继续给付的责任。

依据

《中华人民共和国农村土地承包法》第28条第1款

06 享有土地承包经营权的进城农户还能请求分配土地征收补偿费吗?

疑惑

李某原是第 1 村民小组的村民。2005 年 11 月,甲县乙镇政府向李某颁发土地承包经营权证书,证书载明:户主李某,住址第 1 村民小组,家庭承包、人口 3 人。2007 年,李某将户籍从第 1 村民小组迁入城镇,但未退出承包土地,承包经营期间履行了相关义务。2014 年,第 1 村民小组将部分土地租赁给政府有关部门使用。第 1 村民小组于 2015 年至 2017 年对小组内有户、有地村民三次分配土地租赁费共计 1547 元/人。2018 年因土地被征收,第 1 村民小组对小组内有户、有地村民分配收益款 20,000 元/人。李某向第 1 村民小组主张上述费用,但第 1 村民小组以其已将户口迁入城镇为由,拒绝向其发放。那么,李某还有权主张上述征地补偿费吗?

解析

农村土地属于农民集体所有,集体土地被征收产生的收益应归集体经济组织所有,本集体经济组织应当依照法定程序根据土地补偿费用的各项组成部分的不同性质，区别决定土地补偿费用的使用、分配办法。

虽然2019年1月1日新施行的《土地承包法》与之前的规定有所改动，删除了“设区的市”的条件，但承包期内，发包方不得收回承包地的规定和政策都没有任何变化。即便承包方将全家的户籍都迁入了城镇，丧失了集体经济组织成员资格，但其并未将土地自愿交回，而是继续对土地进行生产经营，故其承包经营权不受到影响。在上述案例中，第1村民小组将部分土地租赁给政府有关部门使用，属于对土地承包经营权进行的统一安排，每一个土地承包经营权者均应分享其收益，故李某有权获得土地租赁费1547元。

对于土地征收一节，土地补偿费用的内容可以区分出土地补偿费和安置补助费。土地征收补偿费的对象是土地所有权人（村集体经济组织），安置补助费的对象是失去土地承包经营权的农民。李某享有土地承包经营权，可以请求对第1村民小组因土地被征收所获得的土地补偿费用中的安置补助费享有分配权。2018年第1村民小组对小组内有户、有地村民分配收益款20,000元/人，没有区分土地补偿费、安置补助费，结合甲县土地统征办公室与其达成的土地补偿安置方案，李某可以取得土地补偿安置方案中约定的安置补助费。

依据

《中华人民共和国农村土地承包法》第27条

07 外嫁女的未成年子女是否有权向集体经济组织要求分配土地补偿款？

疑惑

赵某是甲村村民，在该村有宅基地自建房屋。2000年，赵某及其父取得家庭承包地的土地承包经营权证书。2010年，赵某外嫁给乙村村民李某，李某户口未迁入甲村。同年，李某和赵某之子李某某出生，随母亲赵某落户甲村，一家三口一直生活在甲村。2019年，甲村村委会向集体经济组织成员每人发放10,000元土地补偿款时，以赵某外嫁别村人，李某系入赘甲村，外嫁女的子女不应予以分配为由将李某排除在外，拒绝向李某某发放土地补偿款。

解析

农村土地属于农民集体所有，集体土地被征收产生的收益应归集体经济组织所有，农村集体经济组织或者村民委员会、村民小组，可以依照法律规定的民主议定程序，决定在本集体经济组织内部分配已经收到的土地补偿款。征地补偿安置方案确定时已经具有本集体经济组织成员资格的人，请求支付相应份额的，应予支持。

在上述案例中，李某某的母亲是甲村的村民，并享有土地承包经营权。李某某自出生起便跟随母亲落户甲村，在甲村生活，自然取得了甲村集体经济组织成员的资格。李某某作为未成年人，没有独立的经济来源，其生活及完成学业所必需的费用依赖其父母的收入及户口所在地的土地。尽管李某某的父亲不是甲村的村民，但李某某自出生便随母亲落户甲村，未成年人李某某和成年人一样享有平等的权利，非因法定事由不能被剥夺。李某某随母亲在甲村生活，生活和成长过程中对户口所在地的土地具有极高的依赖性，应认定为具有甲村集体经济组织成员资格，享有参与征地补偿款分配的权利。甲村村委会以其母亲是外嫁女和父亲是入赘为由拒绝向其分配土地补偿款，没有法律依据，是对其集体组织成员权益的侵害，应向李某某承担给付补偿款的责任。综合李某某的户口、经济来源等因素，可以将李某某认定为甲村集体经济组织成员，甲村需要向李某某支付土地补偿款。

依据

最高人民法院《关于审理涉及农村土地承包纠纷案件适用法律问题的解释》第 22 条

08 男方基于婚姻关系将户口迁入女方户籍地可以分配土地征收补偿款吗？

疑惑

2003年，甲村村民王某（女）与乙村村民李某（男）登记结婚，李某基于婚姻关系于2003年8月将其户口迁至王某处。2005年，王某与李某的儿子李小某出生，之后亦落户于甲村。2007年，甲村部分土地被征收，李某主张征地费用，但第二村民小组以李某为寄户人员入赘为由，拒绝向其发放征地费用。

解析

任何组织和个人不得以妇女未婚、结婚、离婚、丧偶等为由，侵害妇女在农村集体经济组织中的各项权益。因结婚男方到女方住所落户的，男方和子女享有与所在地农村集体经济组织成员平等的权益。

在上述案例中，王某的父母均系甲村村民，王某出生后落户于甲村并享有土地承包经营权，其婚后并未从该组迁出户口，因此王某自始是该集体经济组织成员。李某虽在此前不是甲村村民，但李某与王某结婚后，将户口也迁至甲村村民王某处，即依法取得户口所在地农村集体经济组织成员平等的权益。同时，李某将户口迁至甲村后没有纳入城市居民社会保障体系，也没有享受原户籍所在地农村集体经济组织成员待遇。甲村主张王某是寄户性质，不享有本小组集体组织成员资格，没有法律依据，侵害了王某在该农村集体经济组织中的合法权益，因此王某有权获得土地征收补偿费用。

依据

《中华人民共和国妇女权益保障法》第 33 条

最高人民法院《关于审理涉及农村土地承包纠纷案件适用法律问题的解释》第 22 条

09 土地承包经营权何时取得？

疑惑

陈某于 2021 年 1 月 10 日与村委会签订了 5 亩耕地的土地承包合同。2021 年 3 月 25 日办理了权利登记，5 月 2 日拿到了登记证书。陈某的土地承包经营权何时取得？

解析

土地承包经营权的相关制度是我国对广大农民“耕而有田”权益的切实保障。所谓土地承包经营权，是指土地承包经营权人为从事种植业、林业、畜牧业，对其承包的集体所有或者国家所有由农民集体使用的土地所享有的占有、使用和收益的权利。根据我国《物权法》和《民法典》一直延续的规定，土地承包经营权自土地承包经营权合同生效时设立。一旦发包人和承包人的合同生效，承包人即取得土地承包经营权，承包人进行权利登记的时间先后、早晚不影响合同生效时承包人取得土地承包经营权。

在上述案例中，陈某于2021年1月10日与村委会签订了5亩耕地的土地承包合同，该合同于当日生效，陈某即取得土地承包经营权。陈某是否取得土地承包经营权和陈某是否办理了权利登记无关，政府颁发权利登记证书的行为属于对陈某取得土地承包经营权的确认和公示，不影响陈某取得土地承包经营权的时间。

依据

《中华人民共和国民法典》第333条

10 未分户要求分割土地承包经营权能够得到支持吗?

疑惑

王某辉系王某平和李某的儿子。2000年1月1日,王某平作为户主与甲村村民委员会签订农村土地承包合同一份,承包土地10亩,承包期限为30年。2002年9月,王某辉因升学户口从甲村迁入大学。2002年10月,甲村村民委员会调整了王某辉的承包地。2006年,王某辉被乙县公安局招录为民警,工作至今,其户籍已迁出。2018年8月10日,王某平与王某辉签订农村承包地分户协议一份,主要内容:承包户王某平因长年多病,承包地不能耕种,其子王某辉已单独立户并在公安部门办理了分户手续。经全家协商一致,现就王某平农户承包土地10亩,其中2亩进行分户。后双方由于矛盾,该协议未实际履行。王某平户内其他成员李某未在该协议上签字,称对上述协议不清楚,不同意分给王某辉土地。

解析

农村集体经济组织实行家庭承包经营为基础、统分结合的双层经营体制，家庭承包土地的权利主体为农户，而非个人。农户内成员土地承包权利只有在户内才能实现，同样地，农户成员土地承包权利的分离也必须借助于户的分离来实现。农户分户的判断标准不能仅依靠户籍的分离，更重要的是在于农户之间就分户达成一致。

在上述案例中，王某辉诉请要求确认2018年8月10日分户协议的效力，因分户涉及户内其他成员的利益，必须经户内其他成员一致同意后才能产生法律效力。该分户协议仅有王某辉、王某平的签字，户内其他成员李某表明不知悉此协议，且反对该分户协议，因此，不能承认该分户协议的效力。同时，2002年9月，王某辉因升学将户口从甲村迁入大学，将户口转为非农业户口，次月，甲村村民委员会调整了王某辉的承包地。王某辉毕业后，其户籍并未迁回，已经于2006年被乙县公安局招录为民警，长期在市区生活，不再依赖农村土地，故王某辉不能再请求享有其2亩土地承包经营权。

依据

《中华人民共和国农村土地承包法》第5条、第16条、第27条

CHAPTER

2

第二章

承包地征收补偿费用分配纠纷

11 不服青苗费及地上附着物补偿费分配方案可否依法请求人民法院撤销？

疑惑

甲某及其丈夫乙某属于戊家村一组集体经济组织成员，其子丙某户籍已迁出戊家村，不属于该集体经济组织成员，其母丁某已去世。甲某家庭现承包耕地面积为4亩（原人均1亩）。2018年6月6日，汇东街道办事处与戊家村一组签订《产业结构调整土地流转协议》，戊家村一组将集体土地500亩流转给汇东街道办事处，协议约定“土地流转期从2019年6月24日至土地征收为止，在协议期间如该宗地被征收土地流转协议自行终止。土地流转范围的青苗、附着物及构筑物一次性清点，登记造册，按政府规定进行补偿”。协议签订后，戊家村一组收到汇东街道办事处支付的青苗和土地附着物补偿款500万元。该补偿款系对戊家村一组土地面积内的青苗及地上附着物的总体补偿，没有对戊家村一组各承包户应得金额进行区分。2018年6月1日，戊家村一组按照民主议定程序，召开集体经济组织成员户代表大会，讨论青苗、附着物补偿款分配方案，绝大多数户代表签字同意按照现有集体经济组织成员200人平均分配补偿款，仅有5户代表认为应当按照戊家村一组承包地180份平均分配，每户家庭根据承包土地的份数（包括已经死亡的人口，只要土地没有被收回）分得补偿款。乙某参会，签字同意按照土地份数分配。戊家村一组 2/3 以上成员通过按照现有集体经济组织成员人数平均分配的方案后，对收到的补偿款 500 万元进行了分配和公示，人均分得青苗和地上附着物补偿费 25,000 元。甲某领取其和乙某的补偿款 50,000 元。甲某不服分配方案，认为应按照其家庭承包土地份数（包括儿子丙某一份和已故母亲丁某一份）分配补偿款 111,111元，故诉至法院。

解析

土地补偿费、地上附着物补偿费及青苗补偿费在法律性质和补偿对象上有所区别。土地补偿费是对农村集体土地征收的补偿，其补偿对象是农村集体经济组织，青苗补偿费及地上附着物补偿费是对农村土地进行征收时，对被征收土地上生长的农作物及各种地上建筑物、构筑物等造成的财产损失给予的经济补偿，补偿对象是青苗及地上附着物的所有者。对地上附着物及青苗费的补偿，更侧重于对实际财产所有权人损失的补偿。因此，村组在确定补偿分配原则时，应将二者进行区分，要注重对青苗实际种植者利益的保护，不能将青苗及地上附着物补偿费作为集体经济组织的集体财产，由村组集体讨论决定分配，更不应按照集体经济组织总土地面积平均分配或者按照集体经济组织成员人数平均分配。

本案是因土地流转产生的青苗、地上附着物补偿费分配纠纷，但从本案土地流转协议签订主体以及补偿的青苗费、地上附着物补偿费可以看出，土地流转实为征地前的准备，其纠纷的性质与承包地征收补偿费用分配纠纷一致。根据《土地管理法实施条例》第 26 条第 1 款的规定，戊家村一组将土地承包给甲某后，地上附着物及青苗补偿费应归甲某家庭所有。戊家村一组抗辩该方案是经过村民小组大会民主讨论形成的，是大多数村民小组成员的意见，但青苗补偿费及地上附着物补偿费不属于集体经济组织的集体财产，不同于土地补偿费，村民小组大会无权处置青苗补偿费及地上附着物补偿费，故法院对戊家村一组的抗辩主张不予采纳。戊家村一组以村民小组大会的方式讨论形成并实际执行分配方案，该决定损害了土地承包户对青苗补偿费和地上附着物补偿费的合法权益，应当予以撤销。

依据

《中华人民共和国民法典》第 265 条第 2 款

《中华人民共和国土地管理法实施条例》第 26 条第 1 款

12 私自开荒土地征收补偿费用如何分配？

疑惑

乙某系甲村村民，2015 年因建安置房，乙某开荒地被征用。2019

年5月,该地地面附着物补偿款60,000元发放到甲村村委会,因其他村民对该补偿款有争议,甲村村委会将该补偿款扣留,至今未发放给乙某,乙某遂起诉至法院。

解析

本案焦点在于私自开荒的荒山土地被征收时,开荒人是否有权享有开荒土地地面附着物补偿款。法院经审理认为,当事人对自己的主张有责任举证加以证明。乙某向法院提交的丁山安置房征地补偿明细表(发放表)、甲村村委会出具的证明,证明乙某在集体荒山种植果树,按照补偿标准,乙某个人地面附着物和青苗损失补偿款为60,000元,根据法律规定,该补偿款应当由实际种植者即乙某获得。该补偿款现已发放至甲村村委会,故对乙某的诉请,予以支持。

我国法律规定,农村的四荒地属于农村集体经济组织所有,既可以采取家庭联产承包的方式进行承包,也可以通过招标、拍卖、公开协商等方式进行承包;既可以承包给本集体经济组织成员,也可以承包给本集体经济组织以外的人;既可以直接通过招标、拍卖、公开协商等方式实行承包经营,也可以将土地经营权折股分给本集体经济组织成员后,再实行承包经营或者股份合作经营。通过这些法定方式进行承包的四荒地,国家根据其土地承包关系进行土地确权。实际生活中,部分村民未经批准,自行开发四荒地,其土地利用行为因缺乏法律依据而不能被确权,在四荒地被征收进行征地补偿分配时，对于私自开荒人的权益保护应根据补偿费的性质区分处理。

根据《土地管理法》第48条的规定，土地补偿费归集体经济组织所有，地上附着物和青苗补偿费归其所有者所有，安置补助费支付给安置单位或发放给被安置人员。据此，私自开荒人因对四荒地不享有物权，四荒地也不是其生存和发展的基本保障，故其不能取得土地补偿费和安置补助费。但是私自开荒人在四荒地上有一定的劳动和资金投入，四荒地上的附着物和青苗是其劳动所得，其作为所有者，四荒地征收补偿中的地上附着物和青苗补偿费应当归私自开荒者所有。这既符合土地征收补偿分配中的权利义务相一致原则，也符合国家鼓励对四荒地进行合理有效利用开发的土地政策。

在上述案例中，乙某私自开荒的荒山，在20世纪90年代以前，一直是甲村村委会集体企业采石场的场地，后该采石场因政策原因关停，场地一直处于闲置状态，2000年，乙某对该场地进行了平整，种植果树。该开发行为没有经过甲村村委会同意，村委会也没有通过招标、拍卖、公开协商等方式与乙某建立土地承包关系，所以乙某属于私自开荒行为。但是，乙某对该荒山平整进行了投入，该荒山上的果树为乙某种植、管理、收获，故该荒山土地被征收时，地面附着物和青苗的损失补偿款应当归乙某个人所有。

法律不认可私自开荒者对于其开荒土地的承包经营权，但是，不能因此剥夺私自开荒者从其开荒土地上获得收益的权利。因此，在四荒地被征收进行征地补偿分配时，应当充分保障私自开荒者应得的财产利益。但值得注意的是，四荒地的开发、利用应当遵守有关法律、法规的规定，合理利用，防止水土流失，保护生态环境。

依据

《中华人民共和国土地管理法》第48条第1款、第2款

13 以非家庭承包方式承包的农村土地被征收，土地增值部分的补偿归谁所有？

疑惑

2000年12月12日，甲某与居委会签订合同书承包一片荒岭，南面土地栽果育林，期限为30年，承包费为300元/年。合同签订后，甲某在该土地上种植蜜橘等作物，并向居委会缴纳承包费。此后，甲某逐渐往荒岭北面扩大种植面积。2015年10月，因政府项目征收荒岭北面土地。经测量，征收面积为10亩，地类为旱地，地上种植有蜜橘，地类补偿标准为40,000元/亩（包括征收集体土地的奖励标准10,000元/亩），土地补偿费为600,000元。因对该款项有争议，故征

地办并未发放，而是由其暂时保管。青苗补偿费已发放给甲某。2015 年 12 月 1 日，经镇政府组织居委会、甲某、1 队共同协商，达成协议：“一、甲某承包经营的土地权属为 1 队所有，原居委会与甲某签订的合同有效……二、居委会发包给甲某承包经营种植的果树及其他物种权属归甲某所有，承包期满该土地由 1 队自主经营……三、该土地如遇到国家项目征用，土地补偿费用归 1 队所有。果树及其他物种的补偿归承包者所有。”2019 年 5 月 5 日，甲某以涉案土地经其耕种后由荒地变为旱地，该土地增值部分补偿费应归其所有为由诉至法院。

解析

关于涉案土地补偿款因土地的性质是否应当分配给甲某的问题。首先，补偿费是因土地被征收后，政府依法给予失地者的补偿费用，包括土地补偿费、安置补助费、地上附着物和青苗补偿费等费用。其次，土地补偿费是对农村集体土地所有权的补偿，只能被分配给本集体经济组织的成员，而青苗补偿费则是针对青苗的实际投入人的补偿，即谁耕种谁受益。涉案土地不属于甲某，虽然由甲某耕种管理，但并不影响或改变涉案土地的权属性质，且甲某已经获得了青苗补偿费。最后，甲某在涉案土地上投入资源提升地力，属于生产性投入，应归于生产成本，由此甲某也获得了经营收益。综上所述，对甲某要求支付征地补偿费增值部分，不予支持。

本案是征收已流转的集体土地所产生的土地征收补偿费分配纠

纷。根据《民法典》第 243 条第 2 款的规定，土地补偿费是对土地所有权人的补偿，农村土地所有权人为农村集体组织，因此归农村集体经济组织所有。

一方面，根据《农村土地承包法》的规定，我国农村土地承包方式分为两种：一种是仅针对本集体经济组织成员的"家庭承包"，另一种是无须具有特别资格的"其他方式的承包"。此两种承包方式分别在该法的第二章、第三章作出了规定。家庭承包的承包人享有在承包地被依法征用时获得相应补偿的权利，而其他方式的承包则没有这样的权利。这意味着以其他方式承包土地的承包人并不当然享有获得相应承包土地补偿费的权利。土地补偿费是国家在征收集体土地后，为了保障以土地为主要生产资料和生活来源的失地农民的基本生活，解决因土地被征收后剩余劳动力的安置问题而发给被征收单位的专属款项，只能补助给失去土地的农村集体经济组织及其成员。

另一方面，关于农村其他土地承包方式、土地征收补偿，法律并未作出明确规定。涉案土地由居委会与甲某签订承包合同，承包给甲某，双方也未就土地征收补偿费进行约定。在双方发生纠纷后，政府组织甲某、居委会、1 队进行调解处理，双方达成了调解协议，约定若土地被征收，除青苗费等地上附着物的补偿费外，征地补偿费归 1 队所有。此时，双方对土地增值部分的补偿费达成了补充约定，该补充约定并未违反法律规定，应属有效。

依据

《中华人民共和国民法典》第 **243** 条

14 互换承包地的，承包地征收补偿费用归谁所有？

疑惑

周某与吴某曾在2021年7月1日达成口头协议：双方互换承包地，互换后某地北部由周某承包，南部由吴某承包。互换承包地之后双方各自耕种约定互换之后的土地。后因该地修建绕城高速，征收了周某耕种的某地北部1000亩，征地补偿款60,000元。现因周某与吴某就换地存在纠纷，征地补偿款至今尚在该地村委会名下。吴某称双方既未签订互换土地的书面合同也没有上报备案，认为互换承包地的协议无效。那么，对于这种双方互换承包地的情况，承包地征收补偿费用归谁所有呢？

解析

《农村土地承包法》第33条规定,“承包方之间为方便耕种或者各自需要,可以对属于同一集体经济组织的土地的土地承包经营权进行互换,并向发包方备案”。互换是经营权权利主体发生变更的土地经营权流转,只要双方当事人真实意思表示、一致,且不损害他人利益,即为有效。

在上述案例中,周某与吴某达成了互换承包地的口头协定,并在之后根据互换后的土地进行耕种。足以表明该协议是双方真实意思表示。依据法律的规定,周某作为该征地的承包人,承包地征收补偿费用应归周某所有。

对于吴某所称的双方未签订互换土地的书面合同会导致互换无效的主张,《民法典》明确规定在书面合同之外,也可以口头或以其他方式订立合同。因此互换土地合同成立且有效。关于承包地互换未备案的问题,《农村土地承包法》第33条规定,采取互换等方式流转的,应当报发包方备案。该法条的目的是让发包方及时了解土地承包经营权的变动情况。因此,备案的性质仅为公示,不是合同的生效要件,并不影响当事人的权利义务。即使互换土地的行为未备案,也不影响互换合同的生效。

依据

《中华人民共和国民法典》第338条

《中华人民共和国农村土地承包法》第 33 条

15 失踪人口是否依法享有征地补偿款的分配请求权？

疑惑

甲乙是夫妻关系，丙是两人的儿子，三人户口在 A 村，均系 A 村集体经济组织成员。丙于 2018 年 8 月离家出走，下落不明。2021 年 A 村的土地被征收，得征地补偿费 2000 万元，A 村召开村民代表大会讨论决定将土地补偿费分配给村民，并通过了分配方案。分配方案确定有承包田地、山地及户口在本组的补偿费按基数的 100% 分配；无承包地，户口在本组的补偿费按基数的 70% 分配；第 14 条确定有本组户口但已失踪的人员，自分配方案生效之日起 3 年内其本人回到本组，有多名村民作证，经核实后可分配补偿款。之后 A 村村组向甲乙分别按 100% 及 70% 的份额发放了土地补偿费，但未发放丙的份额。2021 年 10 月 3 日，甲乙向法院申请宣告丙失踪，法院于 2021 年 8 月 5 日判决宣告丙失踪，指定甲乙为失踪人丙的财产代管人。那么，A 村是否应当向失踪人口丙发放征地补偿款呢？

解析

根据最高人民法院《关于审理涉及农村土地承包纠纷案件适用法律问题的解释》第22条的规定,“农村集体经济组织或者村民委员会、村民小组,可以依照法律规定的民主议定程序,决定在本集体经济组织内部分配已经收到的土地补偿费。征地补偿安置方案确定时已经具有本集体经济组织成员资格的人,请求支付相应份额的,应予支持”。丙在A村村组征地补偿安置方案确定时已经具有A村村组集体经济组织的成员资格,虽因下落不明被宣告失踪,但其公民权利并未因此被剥夺,其所具有的A村村组集体经济组织成员的资格并不因其被宣告失踪而丧失,分配方案未明确对失踪人员不予发放土地补偿费,仅规定补偿费要待失踪人回到本组时再行分配,所以甲乙可依法享有其相应的土地补偿费份额。因此,失踪人口依法享有征地补偿款的分配请求权。

依据

《中华人民共和国民法典》第3条、第42条

最高人民法院《关于审理涉及农村土地承包纠纷案件适用法律问题的解释》第22条

16 包干制下，当土地承包经营者与地上附着物所有人或青苗实际投入人不一致时，地上附着物及青苗补偿费归谁所有？

疑惑

陈某是第一村民小组的村民。1998 年,陈某与第一村民小组签订承包合同,约定:承包 100 亩山地,承包期限 35 年。陈某承包该地后,以苗圃公司法定代表人和独资股东的身份在该地种植花卉和苗木。2019 年,政府陆续向第一村民小组征用土地 500 亩,包含陈某承包的山地 100 亩。征地部门按征地款包干价每亩 10 万元支付给村委会。后苗圃公司作为补偿主体已根据与政府签订的《征收协议书》,实际领取了补偿款。陈某认为,案涉 100 亩承包地的青苗、地上附着物及水利设施摊销费等费用应归其所有,要求第一村民小组支付上述款项。

解析

农村集体所有的土地被依法征收后,所获得的补偿款包括土地补偿费、安置补助费、青苗和地上附着物补偿费。这三项费用因其不同的法律属性而致有权主张的主体各不相同。土地补偿费是基于集体土地所有权被征收的补偿，有权获得补偿的主体是具有集体经济组织成员资格的人；安置补助费是指国家征收集体土地后，安置被征收单位由于征地造成的多余劳动力的补助费用，由农村集体组织安置的，安置补助费支付给农村集体经济组织，由其他单位安置的，支付给安置单位，不需要统一安置的，安置补助费发放给被安置人员。而青苗及地上附着物补偿费则应归属于地上附着物所有人和青苗实际投入人。

在上述案例中，陈某诉求的征地补偿款包括青苗及地上附着物补偿费（包括水利设施摊销费、调剂费等）。青苗及地上附着物补偿费则应归属于地上附着物所有人和青苗实际投入人，而不必然归属于土地承包经营者。本案中，陈某以苗圃公司法定代表人和独资股东的身份在该地种植花卉和苗木。后苗圃公司作为补偿主体已根据与政府签订的《征收协议书》，实际领取了补偿款。由此可见，无论是征地单位政府还是被征地对象第一村民小组，甚至包括案涉土地承包经营者陈某本人，均认可苗圃公司是案涉土地青苗实际投入人和地上附着物的所有人。故应当由苗圃公司获得青苗及地上附着物补偿费，陈某个人无权取得上述费用。

依据

最高人民法院《关于审理涉及农村土地承包纠纷案件适用法律问题的解释》第20条

17 超生子女能获得征地补偿费吗?

疑惑

李某系超生子女,2013 年出生于第一村民小组后即落户第一村民小组,并随父母在该组生活、成长。2018 年、2019 年第一村民小组分别发放 2000 元、3000 元的征地补偿费,李某均在列。2020 年,第一村民小组制定分配方案,将之前未发完的征地补偿款,以利息分红的形式再次向村民每人发放 2000 元,但制定了《村规民约》载明以李某为超生户为由,不给李某发放此次补偿款,该协议有制定《村规民约》现场会议各户代表名单,且李某的监护人(母亲)赵某在该名单上有签字及捺手印。

解析

征地补偿费用应当均等分配,不能以权利义务应当一致为由对不同的人实行差别对待。同时,农村集体经济组织成员资格涉及公民的基本民事权利,不能因当事人系超生子女或非婚生子女而剥夺,在成员资格的认定上,只要符合条件,应当与其他人员一视同仁、平等对待。

在上述案例中,李某自幼落户第一村民小组,且在第一村民小组生活学习,依托该村民小组生存,原始取得该小组集体经济组织成员资格,因此李某应当享有该小组的福利待遇。第一村民小组于2018年、2019年两次向其集体成员发放征地补偿款,李某均包含在内,也可以说明李某具备该小组集体经济组织成员的资格。针对第一村民小组以李某属于政策外生育,按照国家政策规定,超生的孩子不能享受分配征地补偿款或利息分红的待遇的理由,应当认为,农村集体经济组织成员资格涉及公民的基本民事权利,不能因当事人系超生子女或非婚生子女而剥夺,在成员资格的认定上,只要符合条件,应当与其他人员平等对待。至于李某的监护人赵某签字的效力,制定《村规民约》现场会议各户代表名单上虽然有李某的母亲赵某的签名和捺印,但赵某并未明示同意该《村规民约》或明示放弃自己的权利。即使赵某有明示放弃权利的行为,其作为监护人亦不得损害被监护人的利益。因此,第一村民小组不能以李某属于超生子女为由,拒绝为其发放征收补偿费。

依据

《中华人民共和国未成年人保护法》第3条第2款、第7条第1款、第16条

最高人民法院《关于审理涉及农村土地承包纠纷案件适用法律问题的解释》第22条

18 征地补偿款应认定为夫妻共同财产还是夫妻个人财产？

疑惑

甲(女)与乙(男)于2002年9月16日登记结婚后，甲将户口转入A村乙户。双方婚后感情良好，共同赡养老人，一起在A村生活了10多年。2019年，A村因被国家划为水资源保护区，A村村民集体搬迁至同市B区，每人分得国家赔偿失地村民款及村集体分配山林土地补偿款共计5万元，甲分得的补偿款由乙代为领取。2021年1月，因夫妻感情破裂，甲、乙离婚，分割财产时，甲主张要回被乙领取的政府赔偿款5万元；但乙认为这笔钱已用于家庭共同生活开销，不应当支付给甲。那么甲有权主张这笔征地补偿款吗？

解析

首先，《农村土地承包法》第31条规定："承包期内，妇女结婚，在新居住地未取得承包地的，发包方不得收回其原承包地；妇女离婚或者丧偶，仍在原居住地生活或者不在原居住地生活但在新居住地未取得承包地的，发包方不得收回其原承包地。"土地是我国广大农村居民赖以生存的土地资源，具有很强的人身依附性，不会因妇女婚姻情况发生变化而收回其承包经营的土地。

其次，最高人民法院《关于审理涉及农村土地承包纠纷案件适用法律问题的解释》第22条规定："征地补偿安置方案确定时已经具有本集体经济组织成员资格的人，请求支付相应份额的，应予支持。"取得土地补偿款的身份条件只有一个，那就是具备本集体经济组织成员资格，可见土地补偿款具有人身专属性，是个人专有的财产，不会因婚姻与否改变土地补偿款的性质。

最后，《民法典》第243条第2款规定："征收集体所有的土地，应当依法及时足额支付土地补偿费……并安排被征地农民的社会保障费用，保障被征地农民的生活，维护被征地农民的合法权益。"土地补偿款是对被征地农民因失去耕地，失去基本生活条件的补偿，是失地农民今后的生活保障，作为非承包经营者的配偶一方是无权享受上述待遇的，若双方都属于承包经营者，因丧失承包经营权而获得的补偿款应当分别属于夫妻双方各自所有。

本案中，甲取得的国家征地补偿款应当属于甲个人所有，属于《民法典》第1063条规定的夫妻一方的个人财产中"（五）其他应当归一方的财产"的范畴，即使乙用作家庭共同生活开销，也属于无权支配，乙将款项代领后如果未经甲的允许处分了财产，应当将这笔款项予以返还。

依据

《中华人民共和国民法典》第243条第2款、第1063条

《中华人民共和国农村土地承包法》第31条

19 具备集体经济组织成员资格的“外来户”是否有权参与农村土地征收补偿费用分配？

疑惑

甲于1954年到A村居住、生活至今，其户籍亦一直登记在A村。在20世纪80年代初，A村实行第一轮家庭联产承包责任制分田到户，甲家庭在A村分有责任田和自留地，并依法开展经营耕种。甲婚后生有三子，分别是乙、丙、丁，现已各自组建了家庭，其家庭成员的户口均在A村，也一直耕种A村分给甲的责任田和自留地，并在A村建有房屋且居住、生活至今。因建设高铁需要，国家征收了A村的土地，支付了征地补偿款100万元。A村却以甲、乙、丙、丁家庭不属于A村戊氏太公后人，不是A村村民且国家征用土地属于A村戊氏宗族自留岭等为由，拒绝分配土地补偿费给甲、乙、丙、丁家庭。那么，作为集体经济组织成员的“外来户”能否获得征地补偿费？

解析

根据《民法典》第265条第2款的规定,“集体经济组织、村民委员会或者其负责人作出的决定侵害集体成员合法权益的,受侵害的集体成员可以请求人民法院予以撤销”。甲与子女及其各自的家庭均在A村居住、生活,户籍登记在A村,并且甲家庭作为A村农村集体经济组织成员承包了土地,可见A村承认甲及其家庭成员A村村民的身份。

根据《土地管理法》第9条的规定,“城市市区的土地属于国家所有。农村和城市郊区的土地,除由法律规定属于国家所有的以外,属于农民集体所有;宅基地和自留地、自留山,属于农民集体所有”。首先,土地属于国家所有或者农民集体所有,并不存在所谓“宗祠土地所有权”;其次,农民集体所有的性质是指所有成员平等所有,法条中未对“农民集体”一词作出任何形式的限定,姓氏、性别、年龄等因素都不能影响或限制某一个集体成员享有的权利,更不能因这些因素剥夺成员的权利。A村以甲、乙、丙、丁不属于本村人为由不给他们发放征地补偿费,该行为违反了上述法律规定,侵犯了甲等家庭的合法财产权益。

依据

《中华人民共和国民法典》第265条第2款

《中华人民共和国土地管理法》第9条

20 农村集体经济组织成员放弃村民待遇的承诺效力是否及于其未成年子女？

疑惑

王某于2009年9月25日与甲村村民李某登记结婚，并于同年11月9日向甲村居民委员会出具《户口迁移协议书》，该协议书第2条约定：非农户口迁入不享受该村任何待遇（包括土地征收补偿费、集体生产生活利益分配和股份分红等）。王某的户籍随后于2011年迁至甲村。2012年11月，王某与李某经法院判决离婚，并于2013年12月2日与李某分户，在甲村单独立户。2016年10月9日，王某合法收养小王，其户口于同年10月13日迁入甲村。王某、小王现皆属农业户口。2018年1月19日，当地国土资源局发布征地补偿安置方案实施公告，内容涉及征收土地房屋及拆迁人口数量、征地补偿标准、征地补偿总费用等。2018年5月10日，甲村经居民代表大会决议，将土地征收补偿费按2.5万元/人进行分配，随后依该分配方案造表分配了土地征收补偿费，那么王某、小王有权取得上述分配款吗？

解析

王某作为完全民事行为能力人,其在《户口迁移协议书》上签名并捺印,系自行处分其民事权利的民事法律行为,且未侵害他人合法权益,王某应自行承担法律后果。小王因合法收养落户甲村,其户籍来源合法,且生活在甲村,虽尚未取得承包土地,但并不影响其享有与土地承包权相关的财产分配权利。小王的落户时间在涉案集体土地被征收之前,符合分配要求,同时甲村也没有证据证明小王已经享受到外地的有关福利待遇,直接拒绝向小王分配土地征收补偿费,侵犯了小王的合法权益。小王请求甲村向其支付与同组其他村民已取得征地补偿款同等数额的土地征收补偿费25,000元,予以支持。因此,对于未成年人获得国家给予失地农民的承包地征收补偿的权益,应当给予特殊保护,本案从“未成年人利益最大化”原则出发,判决其监护人王某的承诺效力不及于受其监护的未成年子女小王,充分体现了司法对未成年人权益的有力保障。因此,随父母户籍迁移而落户于农村集体经济组织的未成年人,其父母入户时的权利放弃承诺的效力不应当然及于该未成年人。

依据

《中华人民共和国民法典》第35条

最高人民法院《关于审理涉及农村土地承包纠纷案件适用法律问题的解释》第22条

CHAPTER

3

第三章

土地承包经营权流转纠纷

21 户主签字的农村土地承包经营权流转协议效力是否及于农户其他成员？

疑惑

2015年4月，甲方李某与乙方A庄经济合作社签订土地经营权流转合同书，约定：甲方将其家庭承包经营的集体土地0.8亩流转给乙方承包经营。合同对双方的权利义务、违约责任等事项进行了约定。同年10月，双方又针对地块面积为0.75亩、用途为林下经济的土地签订了土地经营权流转合同书，流转期限等其他内容与第一份合同相同。上述两份流转合同由李某作为家庭代表在流转方处签名、捺印，A庄经济合作社在接转方处盖章，法定代表人签名确认，并经镇农村合作经济经营管理站进行盖章鉴证。合同签订后，李某分别于2015年6月、12月领取了上述两份流转合同的流转费。李某与阿香生有长女李花、长子李季、次子李仲、三子李叔。李某所签两份流转合同的涉案土地包含上述6人份额。李某之子李仲认为，其父李某无权代表其他家庭成员签订土地经营流转合同书，遂起诉至法院，要求解除土地经营权流转合同书、归还土地、恢复原状并赔偿李仲合同流转期间的土地使用损失。

解析

农户家庭成员通常长期共同居住生活，对协议签订的相关事宜一般应当知情并且取得了一致意见；同时，就流转协议而言，户主和农户其他成员具有共同利益，在协议签订时会尽力维护农户全体成员的利益，通常不会损害农户其他成员的合法权益。

在本案中，李某作为李仲之父及家庭代表与A庄经济合作社签订的两份土地经营权流转合同书是双方的真实意思表示，内容不违反法律及相关司法解释规定，合法有效。鉴于两份流转合同书已于2015年开始履行，李某亦一次性领取了14年的土地流转费，因此李仲不能以李某与A庄经济合作社签订流转合同书未取得其授权同意、A庄经济合作社强制与李某签订流转合同书为由，要求解除土地经营权流转合同书、归还土地、恢复原状并赔偿李仲合同流转期间的土地使用损失等。

法律规定，家庭承包以户为单位，户主的签字具有及于全户成员的法律效力。为了规范农村土地承包经营权流转行为，维护流转各方当事人的合法权益，促进农业和农村经济发展，维护交易安全和秩序，通常应当认定户主的签字效力及于户内其他成员。

依据

最高人民法院《关于审理涉及农村土地承包纠纷案件适用法律问题的解释》第4条

22 非法转包基本农田致使合同无效应如何处理？

疑惑

阿甲与阿乙均系A村6组村民，两户承包田东西相邻。2012年4月23日，阿甲与阿乙签订《合同》一份，阿甲将其位于A村6组的0.73亩田地转让给阿乙种植草莓，转让时间为50年，每年按650斤稻谷支付转让费，转包费每年一次性付清，阿乙已向阿甲交付涉案土地2019年的转包费。阿乙取得涉案土地后，拟在自家承包地和涉案土地上修建房屋，故将两块承包地回填平整，并在涉案部分土地上打下桩基，后因未取得相应审批手续而停工。阿甲、阿乙均确认涉案土地尚可种植除水稻以外的一般农作物。

2017年7月17日，阿甲以涉案合同符合解除条件为由向法院提起诉讼。同年8月18日，县国土资源局和房屋管理局在信访事项处理意见书中认定阿乙将涉案土地回填，并打下桩基用于建房，其间未办理建房用地手续而停建至今，涉及占用基本农田属实。那么阿甲、阿乙所签订的《合同》是否真实有效？如果无效又该如何处理呢？

解析

我国《土地管理法》明确规定禁止占用基本农田发展林果业和挖塘养鱼,而涉案土地经土地管理部门认定为基本农田,阿甲与阿乙签订转包合同却将涉案土地用于种植草莓,违反该禁止性规定,因此合同整体无效。同时,因为阿甲与阿乙都知道涉案土地属基本农田而签订转包合同用于种植草莓,因此双方均有过错,且双方过错基本相当。根据我国《民法典》第157条的规定,“民事法律行为无效、被撤销或者确定不发生效力后,行为人因该行为取得的财产,应当予以返还;不能返还或者没有必要返还的,应当折价补偿。有过错的一方应当赔偿对方由此所受到的损失;各方都有过错的,应当各自承担相应的责任。法律另有规定的,依照其规定”。据此,阿乙应将涉案土地返还给阿甲。

阿甲与阿乙签订的《合同》无效,阿甲本应将多收取的承包费(占有使用费)返还给阿乙,但因为本案所支付的承包费与阿乙占有使用的期间符合,故不需要退还。因阿乙违反合同约定将本约定于种植草莓的土地用于回填建设,降低了土地价值,且难以恢复成稻田,因此阿乙应当赔偿阿甲因此受到的损失,同时阿甲与阿乙双方对涉案合同无效均有过错,故阿甲对自己的损失也应承担部分责任。阿乙建设房屋被拆除所导致的损失,是由其个人行为所致,应当自己负担。

依据

《中华人民共和国土地管理法》第 37 条

《中华人民共和国民法典》第 157 条

23 发包方在承包期内能否依据外嫁女在新居住地取得土地承包经营权收回其承包土地？

疑惑

阿春之父刘大是丁村村民。2000 年 3 月 10 日，刘大取得丁村水田 1.76 亩、旱田 1.2 亩的承包经营权，承包期限为 30 年。承包合同中载明“劳力二人”。2001 年 7 月 24 日，刘大因病去世，在处理后事时阿春的叔父刘二将承包合同及承包经营权证交给了阿春，因阿春当时在外打工无法耕种土地，刘二将承包地交给丁村村委会，丁村村委会将本案争议的 1.76 亩水田交给本村村民兰兰耕种，2005 年 6 月 27 日在规范土地二轮承包时，丁村村委会与兰兰签订了该 1.76 亩水田的农村土地承包合同。2011 年 8 月，该 1.76

亩水田被依法征用，土地补偿款56,192元由兰兰领取。刘大一家原有妻子梅姐、大女儿阿春、二女儿阿华，后刘大与梅姐离婚，1999年刘大签订土地承包合同时，梅姐、阿华均已去世，除阿春外无其他直系亲属，阿春于1997年11月25日与戊村的张甲登记结婚，户籍仍保留在丁村村委会。2006年7月8日，阿春在戊村获得农村土地承包经营权，土地4.98亩。那么丁村是否有权收回阿春的承包地？兰兰是否有权领取土地补偿款呢？

解析

首先，刘大在2000年与丁村村委会签订土地承包合同时仅有阿春一位直系亲属，且阿春户籍从未从丁村村委会迁出，因此可以认为土地承包合同中载明的“劳力二人”是刘大、阿春，所以阿春已在二轮承包中取得了争议土地的承包经营权。根据法律规定，该承包经营权期限为30年，且在承包期内，发包方不得收回承包地。依据《农村土地承包法》第30条规定，“承包期内，承包方可以自愿将承包地交回发包方。承包方自愿交回承包地的，可以获得合理补偿，但是应当提前半年以书面形式通知发包方。承包方在承包期内交回承包地的，在承包期内不得再要求承包土地”。最高人民法院《关于审理涉及农村土地承包纠纷案件适用法律问题的解释》第10条规定：“承包方交回承包地不符合农村土地承包法第三十条规定程序的，不得认定其为自愿交回。”因此不能认为阿春自愿交回承包地，丁村亦不能收回阿春的承包地。

其次，丁村村委会未与阿春正式解除承包合同关系，再次与兰兰签订土地承包合同属重复发包，兰兰不能取得争议土地的承包经营权，现争议土地已被依法征用，征用土地补偿金已由兰兰领取，则兰兰应向阿春返还，阿春在土地征用前一直未向丁村村委会主张土地承包经营权，也存在过错，兰兰应当返还70%的土地补偿款给阿春。丁村村委会在未与阿春解除土地承包合同时又与兰兰签订土地承包合同，存在过错，应承担返还土地补偿款的连带责任。

最后，农村土地承包以户为单位，阿春在夫家取得农村土地承包权，其夫家并没有因为阿春的到来而另外多分土地，法律并没有禁止一人享有两处土地承包经营权的规定，且阿春的户籍目前仍在丁村村委会。即便阿春婚后在戊村获得了土地承包经营权属实，该“事实”既不能作为认定阿春系自愿交回本案所涉1.76亩水田的依据，也不能作为认定丁村村委会将该1.76亩水田发包给兰兰合法有效的依据；如果阿春在戊村获得土地承包经营权不符合法律规定，应当由该村集体经济组织及其成员通过法定程序进行认定并作出处理。

依据

《中华人民共和国农村土地承包法》第30条

最高人民法院《关于审理涉及农村土地承包纠纷案件适用法律问题的解释》第10条

24 村集体组织是否能随意收回农户确权地?

疑惑

英子的丈夫阿海系退休工人。2000年1月1日,英子、阿海以家庭承包的方式在庚村承包经营6.21亩土地。英子分别于2013年1月1日、2014年1月1日与庚村村委会签订土地流转合同,将自己家庭承包的6.21亩土地流转给庚村村委会,庚村村委会按照每年每亩土地流转费1500元于每年12月31日前将当年的土地经营权转让金支付给英子。两合同期限均至2029年12月31日止。庚村村委会每年分别向英子支付流转费2115元、9225元、10,701元、7216元。庚村村委会称,1999年登记居民户口簿时,阿海隐瞒其为非转农迁入的退休人员。2016年10月核查时发现《常住人口登记卡》和《户籍管理常住人口登记表》中,阿海登记身份不一致。根据区相关规定,阿海无权承包土地。2016年12月13日,庚村村委会成员及村民代表共同决议停止发放阿海一人2016年的土地流转金3015元。那么阿海被截留的土地流转金能否要回呢?

解析

庚村《户籍管理常住人口登记表》明确载明阿海为退休工人,庚村村委会对此应为明知,因此庚村村委会不能以英子在签订合同时隐瞒阿海系退休工人的事实为由，认为合同无效。因此英子家庭承包户与庚村村委会签订的土地流转合同，系双方真实意思表示，且不违反法律、行政法规的强制性规定，是合法有效的。在庚村村委会明知阿海非转农身份的情况下，确认阿海具有其集体经济组织成员资格并向其家庭发包了土地，在阿海不具有法定被收回承包地事由的情形下，庚村的村民收回阿海承包地的决定侵害了阿海家庭承包户的合法权益，故庚村村委会应按照双方之间的土地承包合同及土地流转合同向阿海的继承人支付相应的土地流转金。

依据

《中华人民共和国农村土地承包法》第 5 条

25 土地租赁合同无效情形下违法建筑物的赔偿责任该如何分配？

疑惑

2012 年 10 月 31 日，丙村村委会（甲方、出租方）与 C 加工厂（乙方、承租方）签订土地租赁合同，约定甲方将位于 D 湾集体耕地 2.5

亩(按实际丈量为准)出租给乙方使用,乙方租赁土地后用于建造生产厂房。2016年12月23日,人民政府向C加工厂发出“五违”整治告知书,主要内容为,因该单位存在违法用地、违法建筑、违法排污及安全隐患等问题,限于2017年1月10日前消除上述违法行为。C加工厂承租上诉土地后,于2012年年底、2013年年初在土地上完成搭建,并于2013年4月、5月完成搭建的内部装修。C加工厂相关建筑未获得建设工程规划许可证等行政审批手续。2017年1月10日左右,C加工厂的搭建被拆除。那么在丙村与C加工厂签订的土地租赁合同是否有效?无效情形下,C加工厂所搭建的违法建筑物被拆除后应当找谁赔偿?

解析

D湾土地是集体所有的耕地,丙村村委会将该土地出租给C加工厂用于建设生产厂房,是将耕地用于非农建设,因此诉争土地租赁合同当属无效。合同无效或者被撤销后,因该合同取得的财产,应当予以返还;不能返还或者没有必要返还的,应当折价补偿。有过错的一方应当赔偿对方因此所受到的损失,双方都有过错的,应当各自承担相应的责任。C加工厂承租诉争土地后建设生产厂房,因相关厂房违法用地、违法建筑、违法排污及存在安全隐患等客观事实,致使系争房屋被拆除,C加工厂作为耕地的承租人、违章建筑的建造方、实际使用人及相关收益方,应对相关损失承担主要过错责任;丙村村委会作为系争耕地的出租人,对合同无效及由此导致的相关后果也应承担相应的过错责任。因此，丙村村委会应当向 C 加工厂进行补偿，具体补偿数额应结合建筑物面积、导致合同无效的过错程度、合同的履行情况、合同双方的收益情况等主客观因素进行计算。

依据

《中华人民共和国土地管理法》第 37 条

《中华人民共和国民法典》第 157 条

26 发包方可否因承包人转包而解除农村土地承包合同？

疑惑

甲村拥有一块原砖窑厂用复垦荒地，在 2004 年甲村以公开协商并经村民代表会议同意，决定由本村一队农户乙某以家庭承包经营方式承包该地块。约定：(1)承包地面积约 70 亩，系荒废地复垦，承包期限自 2004 年 2 月 1 日至 2024 年 2 月底；(2)承包费总计 2000 元/年，每年 3 月 1 日交付当年承包费；(3)承包方应当依法保护合理利用土地，允许搞农林养殖，但不得给土地造成永久性损害。上述合同订立后，乙某开始利用承包地种植林木等经济作物。承包费现已缴清至2023年期满。2012年7月,乙某与丙某签订土地转包协议。约定乙某将承包的70亩土地转包给丙某,转包期限自2012年7月至2024年2月底,丙某一次性给付乙某转包费40万元。2012年,甲村向法院提起诉讼,以承包期间乙某违约为由要求解除以上土地承包合同,理由:以转包形式变卖土地,发包方未授权承包方可以转包,也未约定可向集体组织以外的主体转包,且转包必须经发包方同意。后来,甲村村民丁某曾以案涉承包地所有权流失为由与本村一队村民达成协议:自愿代本村一队争回承包地所有权,费用自担;如所有权收回,此地块由丁某无偿种植或养殖。那么,甲村有权解除合同吗?

解析

在上述案例中,关于承包地转包的问题,由于双方承包合同中没有禁止承包方对外转包,因此乙某的转包行为、转包对象是否经发包方甲村的同意,并不能作为承包方乙某违约和解除承包合同的理由。以转包形式卖地的理由因承包合同与转包合同到期日相同,转包合同履行中没有超越承包合同约定的承包方的权利,甲村集体土地产权既没有实际变动,也没有变动前兆,该转包卖地理由没有事实依据,因此法院不予采纳。本案中,承包方乙某已全部缴清承包费,发包方甲村订立合同目的已经实现。本案中的承包合同自2012年始就处于解除合同诉讼中,土地使用权一直未稳定。根据丁某提供的协议书,解除承包合同后承包地由丁某无偿使用,说明甲村解除合同收回承包地的诉讼并非基于集体利益考量。因此,甲村要求解除土地承包合同的理由不能成立,法院对其诉求不予支持。

依据

《中华人民共和国民法典》第563条

《中华人民共和国农村土地承包法》第35条、第37条

27 土地承包经营权互换口头协议的是否有效?

疑惑

1999年11月11日,丙县人民政府向甲某户颁发了《土地承包经营权证》,据该证书记载:户主为甲某,该户在其村里的平整地块分得0.280亩责任田。同日,丙县人民政府向乙某户颁发了《土地承包经营权证》,据该证书记载:户主为乙某,该户在其村里的荒田地块分得约0.135亩责任田。上述地块属于同一集体经济组织,甲某、乙某是同一集体经济组织成员。甲某、乙某两户在分得上述地块的责任田后,为方便就近耕作,经双方口头协商一致,甲某户将平整地块其中约0.135亩责任田与乙某户上荒田地块的责任田约0.135亩进行互换，互换未向发包方备案。互换后双方在互换后的土地上耕种至今，迄今互换耕作近20年。近期，甲某户认为双方互换土地仅仅是口头约定，没有书面协议，不发生法律效力，故要求与乙某换回土地，他的请求能够得到支持吗?

解析

在农村，村民们为了耕作方便或更充分利用土地等原因进行土地承包经营权互换是常有的事，但是由于法律意识淡薄或法律知识欠缺，导致因不同集体经济组织成员互换土地承包经营权、未签订书面土地承包经营权互换合同、未明确约定土地承包经营权互换时间等引起的纠纷不断。一般来说，需要通过审查是否违反法律或行政法规的强制性规定、合同义务的履行情况等因素综合认定土地承包经营权互换口头协议是否有效。判定依据有以下几点:

1. 土地承包经营权互换的双方属于同一集体经济组织的农户才能互换农村土地承包经营权，不属于同一集体经济组织的农户不能互换农村土地承包经营权，如果双方互换，则由于违反了法律的强制性规定，应属无效，双方应互相返还土地。

2. 用以进行土地承包经营权互换的土地必须是属于同一集体经济组织的农村土地，互换后，农户对原土地承包关系消灭，对互换后的土地成立新的土地承包关系。互换是对通过家庭承包取得的土地承包经营权进行流转的一种方式，不仅包括对承包地块进行交换，也包括对承包地块相应的权利义务进行交换，并且不得改变土地的农业用途。

3. 土地承包经营权的有效互换不以书面合同和备案为要件。根据《农村土地承包法》第33条的规定，互换土地承包经营权的双方应当报发包方备案，这里并没有规定双方必须要签订书面合同，根据《民法典》第490条的规定，当事人未采用书面形式但是一方已经履行主要义务，对方接受时，该合同成立。

综上所述，甲、乙虽没有签订书面合同，但是因双方同属一集体经济组织成员，且达成口头互换协议后已实际履行多年，因此口头互换协议合法有效，甲不能再要求乙返还土地。

依据

《中华人民共和国农村土地承包法》第33条

《中华人民共和国民法典》第490条

28 未经同意转租土地的，原土地承包经营权人该如何维权？

疑惑

丙庄经合社拥有种有果树的林地数百亩，经村民决议，以抓阄的方式向本村村民进行发包，每10年为一个发包周期，已经先承包过的村民不再参加下次承包，若有特殊情况不再承包，应当将土地退回村里重新抓阄，不得私自转包，除非在其他村民同意的情况下，本村村民可以转包。2011年3月，村民甲某在首轮抓阄程序中取得了10亩果树的承包合同，承包对价为每亩每年200元。2011年6月6日，甲某与某城市户籍人员乙某签订土地承包经营权流转合同书，约定甲某将10亩的果树地出租给乙某，用于种养业；乙某应按合同规定的用途使用土地，不得荒芜、不得进行破坏性经营。流转后土地的经营方式为个人承租；流转期限自2011年6月6日至2028年6月6日；租金为每年每亩600元，一次性付清；合同双方当事人任何一方违反本合同规定条款，均视为违约，违约方应向对方支付租金总额一倍的违约金；流转期内，甲某不得干涉乙某的正常生产经营活动。合同签订后，乙某向甲某支付全部租金。乙某于2012年7月7日未经甲某同意又以每年每亩800元的价格将从甲某处承租的上述土地流转给了丙某经营，双方并未签订书面合同，丙庄经合社在2012年7月7日出具了转让证明。那么，甲某能否收回土地进行维权呢？

解析

本案例系基于土地承包经营权而引发的土地流转合同纠纷，确认承担责任的主体，是本案的关键问题。该案例涉及土地承包经营权人将拥有土地承包经营权的土地以出租的形式流转后，承租人未经出租人（土地承包经营权人）同意擅自将土地转租，承租人与出租人签订的合同的效力问题。

原《合同法》第224条（对应《民法典》第716条）第2款关于"承租人未经出租人同意转租的，出租人可以解除合同"的规定。同样，依据本案的客观情况，丙庄经合社向本村村民以抓阄的方式发包果树和林地显然属于集体福利性质的措施，村民参加决议和抓阄，以极低的成本承包果树，保障果树的繁育能力，定期更新，实现集体和村民的利益。甲某违反合同约定在取得土地和果树后数月就以高价转包给乙某，乙某又违反合同约定转包给丙某，不仅导致集体对土地和果树的现状失去管控，而且侵害了丙庄经合社村民的利益，丙庄经合社可以起诉要求解除合同，根据原《合同法》第97条（对应《民法典》第566条）关于"合同解除后，尚未履行的，终止履行；已经履行的，根据履行情况和合同性质，当事人可以要求恢复原状、采取其他补救措施，并有权要求赔偿损失"的规定，因违约导致合同解除，就本案所涉土地应当予以返还，但因已一次性支付了全部租金，合同解除后，甲某应当将剩余的租金退还。

依据

《中华人民共和国农村土地承包法》第9条

29 土地承包经营权依法流转后，原承包人还能反悔吗？

疑惑

2006年9月9日，甲某夫妇及其长子一家三口、次子一家三口，全家八口共同承包了两块共计面积0.5亩的责任地。2013年3月3日，丁某与甲某夫妇签订了《房屋买卖及承包责任地流转、租赁土地转租合同》，约定将甲某妻子名下房屋转让给丁某，同时将房屋周边的承包责任地一并流转出租给丁某，共作价60万元，其中房屋占地面积150平方米，已于当年登记在丁某名下。因流转土地中的0.5亩系全家八口共有承包经营权的责任地，同年4月4日，丁某又与甲某签订了《土地转租协议》，约定甲某将承包责任地(自留地、林地)一并转租给丁某，转租土地、开垦荒地、柑橘及青苗补偿定价15万元，并约定该价款从丁某与甲某夫妇签订的《房屋买卖及承包责任地流转、租赁转租合同》中扣除，租赁期限为70年。同月10日，甲某夫妇联名出具收条，载明"丁某购房款及开垦的荒地、柑橘、青苗补偿陆拾万元，所有钱款全部结清，房屋产权归丁某所有，房屋周边自留地、林地流转给丁某永久使用"。

2012年7月25日，长子一家因对甲某将承包土地租赁给丁某一事不满而产生纠纷，经社区居委会调解，甲某一家八口达成调解协议，约定丁某支付的15万元土地流转与青苗补偿费由长子家分得8万元，甲某夫妇分得7万元。调解协议还明确："除甲某外的其他人放弃已长期租给丁某的人民政府农地承包权证上的0.5亩土地应得的使用权，并对此事不再有异议。"2013年12月12日，甲某向社区居委会出具《土地转让承诺书》，承诺将已经转租给丁某永久使用的0.5亩自留地转让土地承包权。同日，丁某与甲某签订《农村土地承包经营权转让合同》，土地发包方社区居委会和见证单位均在合同上盖章。此后，县人民政府于2015年1月2日为丁某颁发了《农村土地承包经营权证》，取得诉争0.5亩土地的承包经营权。其后，长子一家又以甲某无权处分共有的0.5亩责任地为由，要求丁某返还。那么，长子还能反悔吗？

解析

长子不能反悔。虽然长子一家是诉争0.5亩土地的承包经营权人之一，但早在丁某和甲某转让土地承包经营权之前，即已通过《人民调解协议》与其他六位共同承包人一起明示放弃了土地使用权，将承包地权利让与甲某一人，因此，甲某有权对家庭承包的土地作出处分。而且，在丁某与甲某签订《农村土地承包经营权转让合同》之前，二人就已签订了期限为70年的《土地转租协议》，甲某更是在收款收据上注明土地流转给丁某永久使用。丁某和甲某认可的租期远远超过了耕地的法定承包期限，意味着出租人已不可能在承包期内也即承包经营权有效期内收回承包经营权，这即说明名为“转租协议”的合同实质是承包人对承包经营权的转让，对此协议，长子也曾承诺“不再有任何异议”。因此，甲某转让土地承包经营权是在长子认可和放弃的情况下实施的，且长子也已从中受益，因此不能反悔。包括村民在内的民事主体也要确认一个事实，那就是在作出一个生效的法律行为之后，随意反悔是无法得到法律支持的。

依据

《中华人民共和国农村土地承包法》第34条、第38条

30 没有签订书面合同，没有约定租赁期限，土地出租方能否随时解除合同？

疑惑

甲某和乙某均系高村村民。20世纪90年代末，甲某一家人外出务工，便将责任田租给乙某耕种，乙某每年给甲某一些稻谷作为租金。2021年年底，甲某不再外出务工，想要继续种田，便要求乙某将责任田交还，乙某拒不返还。那么甲某能否要求乙某返还责任田呢？

解析

关于土地承包经营权转包合同的解除。承包人流转农村土地承包经营权，应当与受让方在协商一致的基础上签订书面流转合同。土地承包经营权转包合同一经订立，便具有法律效力，任何人不得擅自变更和解除，也不得无理干涉和阻挠承包人的土地承包经营权。

本案中，甲某将责任田租给乙某，既没有签订书面合同，也没有约定合同解除的情形，更没有约定租赁期限。双方当事人既不能就租赁期限达成书面合同，也不能根据合同条款或者交易习惯加以确定，只要出租人没有收回租赁物的意思，同时也没有收回行为并且继续收取租金的，就表明租赁关系仍然存在，但这时的租赁视为不定期租赁，双方当事人可以随时解除合同。本案转包人甲某对责任田有客观原因需要利用，而非出于其他恶意，可以在保障受转包人乙某利益不受损害的情况下，随时解除合同并收回责任田。解除合同时，转包人应依诚实信用原则，在一个合理期限之前通知受转包人，并在合理期限内将责任田收回。

依据

《中华人民共和国民法典》第 715 条第 2 款、第 730 条

《中华人民共和国农村土地承包法》第 16 条、第 39 条

CHAPTER

4

第四章

涉土地承包经营权离婚、继承纠纷

31 承包期未满而承包人死亡，继承人是否能够继承土地承包经营权？

疑惑

2000年7月5日，王乙与村委会签订《果林场山地承包合同书》，由第一小组组长黄甲与王乙签订，约定：王乙向村委会承包位于第一小组的9亩林地，承包期限自2000年9月10日至2050年9月10日，约定承包金额与付款方式：每年每亩地20元，分五次付款，即乙方须于2000年、2010年、2020年、2030年、2040年9月10日前各交1800元给第一小组。后王乙分别于2000年、2011年向村委会缴纳了约定的承包金1800元。王乙在承包后对该9亩林地进行经营管理，种植果树获取收益。2019年王乙及其妻林某相继去世，王丙作为王乙和林某的继承人经营果林至今。现在王丙请求村委会、第一小组配合相关部门登记他对林地的土地承包经营权，遭到拒绝。于是王丙向法院起诉，确认他在剩余承包期内享有对该林地的土地承包经营权。

解析

王乙生前和村委会签订的《果林场山地承包合同书》是当事人的

真实意思表示,内容不违反法律、行政法规的强制性规定,合法有效,对双方当事人均具有法律约束力。尽管第一小组组长代表村委会签订上述合同,但是该合同约定的前两次承包金均由王乙向村委会缴纳。可见,村委会认可其与王乙之间的土地承包关系。因此,王乙与村委会之间存在土地承包合同关系。

《农村土地承包法》第32条规定:“承包人应得的承包收益,依照继承法的规定继承。林地承包的承包人死亡,其继承人可以在承包期内继续承包。”最高人民法院《关于审理涉及农村土地承包纠纷案件适用法律问题的解释》第23条规定:“林地家庭承包中,承包方的继承人请求在承包期间继续承包的,应予支持。其他方式承包中,承包方的继承人或者权利义务承受者请求在承包期内继续承包的,应予支持。”

在上述案例中,王乙去世后,9亩林地的承包期限尚未到期,王乙的继承人王丙依法继承其在承包合同下所享有的权利,因此承包合同应当继续履行。因此,王丙作为王乙的法定继承人有权要求村委会继续履行承包合同并且对该林地在承包期限内享有土地承包经营权。

依据

《中华人民共和国农村土地承包法》第32条

最高人民法院《关于审理涉及农村土地承包纠纷案件适用法律问题的解释》第23条

32 家庭承包经营中部分成员去世，其相应的土地承包经营权是否能被村委会收回？

疑惑

A村中,2000年第二轮土地承包时,张甲一家两口以张甲为户主承包了A村枇杷园南侧5亩土地,家庭成员包括张乙,张乙是张甲之子。

2011年12月30日,张甲作为甲方与乙方A青山专业合作社签订土地流转合同,约定甲方将其承包经营的位于A村枇杷园南侧的5亩土地流转给乙方经营,流转期限自2012年1月1日至2032年12月30日,每年每亩流转金为660元,乙方于每年1月10日前将该年度的流转金支付给甲方。

2018年10月4日,张甲病逝。因为张甲去世,A村村委会要求收回上述承包地中的2.5亩土地承包经营权,并要求A青山专业合作社向其支付上述2.5亩土地自2018年10月起的流转金。张乙认为其土地承包经营权受到侵犯。张甲去世之后,村委会有权收回上述土地并收取流转金吗?

解析

家庭承包为基础的经营方式是我国目前农村集体经济的基本经营制度。家庭承包是以家庭全体人员构成的“户”为单位承包农村土地，即农村土地政策中的“按户承包”。因此，土地承包经营权的承包权利主体及行使主体均是农户，除另有规定外，在承包期内，无论承包方家庭成员发生什么样的变化，只要作为承包方的家庭还存在，均不影响农村土地承包合同的效力。所以，即使出现家庭成员去世的情况，也不得收回部分承包土地，剩余家庭成员继承原有的全部土地承包经营权。

其次，承包人可以保留土地承包权，通过流转土地经营权以向经营权人收取租金等方式获取收益。该项流转收益属于承包人的合法财产，在承包人去世时为其遗产，依法由其家庭成员继承。

在上述案例中，首先，A 村枇杷园南侧的 5 亩土地是由张甲、张乙以农户为单位承包的，虽然张甲去世，但该农户依然存在，故张乙作为该农户的成员依然依法享有全部土地承包经营权。作为发包方的 A 村村委会不得违法收回承包土地。其次，张甲去世，其相应流转土地经营权的收益作为遗产，应由其家庭成员张乙作为唯一继承人依法继承取得，作为发包方的 A 村村委会无权要求取得其中 2.5 亩地的流转收益。

依据

《中华人民共和国农村土地承包法》第 **16** 条第 **1** 款、第 **27** 条第 **1** 款、第 **36** 条、第 **37** 条

33 房屋所有人去世后，房屋的征收补偿款中哪些补偿费用可以作为遗产继承？

疑惑

张三(已故)与陈某(已故)夫妇生育儿子张甲和女儿张乙。张甲(已故)与其妻子林某(已故)生育儿子张丙、张丁、女儿张戊。张乙和张戊均已结婚,户籍迁往外地。张丙、张丁仍在10号房屋内生活。

10号房屋原属张三和陈某所有。张三、陈某、张甲、林某先后去世。2016年5月13日,因10号房屋被列入该地区铁路的建设范围而需拆除,张丙、张丁(乙方)以其个人名义与案外人甲县乙镇人民政府(甲方)签订了一份《甲县乙镇房屋征收补偿安置协议书》:甲方以转账方式一次性支付乙方房屋征收补偿款、搬迁补助费、临时安置款、其他土地补偿款共430,000元,奖励金73,000元,在乙方搬迁腾

空房屋后7日内,一次性付清。2016年9月1日,甲县乙镇人民政府依约将补偿款和奖励金共计503,000元拆迁补偿款汇入张丙、张丁的银行账户。其后,张乙、张戊与张丙、张丁就该征地补偿款的分配发生纠纷。那么,张乙、张戊对征地补偿款是否享有权利呢?

解析

被继承人遗留房屋被征收后,征地补偿款是征收房屋后给予房屋所有权人及居住人员的相应补偿,因此对被继承人遗留房屋享有继承权的人员,其有权继承房屋的拆迁补偿款。由于房屋被征收产生的补偿款有各种补偿项目,其中只有针对遗产所有权灭失的补偿,才属于遗产范围,上述被征收的10号房屋中,只有房屋属于个人遗产,所以张乙、张戊、张丙、张丁均能继承房屋征收补偿款;不属于个人遗产以及非针对遗产的补偿项目不能列入遗产范围,例如,拆迁补助、临时安置补助、搬迁奖励等项目是因被拆迁人需搬迁或积极搬迁所产生的补偿及奖励,不属于遗产范围。因此,张乙、张戊只能针对房屋征收补偿款主张继承权。

依据

《中华人民共和国民法典》第1122条

《国有土地上房屋征收与补偿条例》第17条

34 农村土地承包经营权是否可以继承？

疑惑

吴甲是王甲的母亲，王乙是王丙的父亲。1989 年 1 月 16 日，王甲因母亲吴甲改嫁由 C 县迁入 A 市 B 村二组，与继父王乙、继兄王丙组成家庭。1999 年 1 月 1 日，王乙作为家庭代表，承包 B 村水田 9.58 亩、旱地 1.2 亩，共计 10.78 亩。2003 年 8 月，吴甲去世。2005 年完善土地经营权二轮延包时，因王甲一直在外打工，村委会漏登其姓名和信息，王乙作为承包方承包水田 4.91 亩，王丙作为承包方承包水田 3.57 亩、旱地 1.2 亩，以上两个家庭成员以承包方代表的名义承包了全部水田，分别写进了各自的土地承包合同并领取了土地承包经营权证。2 年后，王乙去世，王丙将王乙名下的土地一并耕种。王甲认为其并没有自愿放弃承包土地经营的权利，却因家庭亲疏原因丧失了土地承包经营权，主张王乙名下承包的 4.91 亩水田应当由其继续承包，其次，父母去世后遗留原家庭共有的房屋、旱地应由王甲和王丙平均分割。

解析

农村土地承包经营权能否作为继承的客体，应分情况认定。根据《农村土地承包法》第3条第2款的规定，农村土地承包采取农村集体经济组织内部的家庭承包方式，不宜采取家庭承包方式的荒山、荒沟、荒丘、荒滩等农村土地，可以采取招标、拍卖、公开协商等方式承包。因此，我国的农村土地承包经营权分为家庭承包和以其他方式承包两种类型，不同的土地承包经营权能否继承有所不同，林地的承包经营权以及以其他方式承包取得的“四荒”地的承包经营权，可以继承；耕地的承包经营权则不涉及继承的问题，但耕地的承包收益可以继承。

在上述案例中，由于王丙已于2005年作为一户家庭承包了土地，王丙作为独立的单位承包土地，故王乙于同年与村委会签订土地承包合同时的农户人员仅包括王乙、王甲（吴甲已于2003年8月去世）。该家庭承包的土地在王乙去世后，理应由该家庭中尚在的成员即王甲继续承包，因此不存在继承问题，王甲有权要求继续承包和耕种王乙生前所承包的土地。

其次，对于王乙和王丙管理的1.2亩旱地，虽未签订承包合同、未取得相关权证，但村委会认可上述土地由王乙、王丙、王甲共同承包经营，故上述林地和旱地在王乙去世后，应由王甲和王丙继续承包。对于该部分经营产生争议时，王甲、王丙应各自承包经营一半，王甲有权要求继续承包经营和耕种其中一半的土地。

总而言之，关于家庭承包的土地能否继承，根据法律和司法解释的规定，家庭承包的林地和其他方式承包的土地的承包经营权可以继承，而依照《民法典》的规定，遗产是自然人死亡遗留的个人合法财产。对于家庭承包的耕地，承包人承包耕地的收益可以继承，但家庭承包耕地的承包经营权主体是家庭而不是个人，承包经营权是家庭成员的共有"财产"，而不是某个人的财产，所以不适用继承。

依据

《中华人民共和国农村土地承包法》第3条第2款、第16条、第32条、第54条

《中华人民共和国民法典》第1122条

35 原土地承包经营户的户主去世，其外来媳妇及其子女是否可以继续经营家庭承包地？

疑惑

张三、李四夫妻（已故）有张甲、张乙、张丙、张丁四个儿女。在1982年的土地承包中，儋州市青山村4组给张三、李四、张甲、张乙、张丙五口人分配9.31亩承包地，张三户农村土地承包证中的共同承包人名单里有张三、李四、张甲、张乙及张丙五人。张甲与贾甲于

1991年结婚。张乙、张丙经营土地3.4亩地。李四于2004年去世，张丁一直跟张三一起生活，2005年12月，张丁结婚，户口迁出本村，在婆家分配土地收益。张三于2009年去世。张三曾立下一份遗嘱，主要内容为将其全部财产交由张甲继承。张三、李四夫妻去世以后，张甲一直耕种分配给自己的以及父母二人的总共5.9亩家庭承包地。2012年，张甲去世，此后，贾甲一直经营该5.9亩承包地。张三生前住址的户籍目前登记的家庭成员为贾甲及其与张甲生育的三个子女。现张乙、张丙、张丁提出要回父母的3.7亩土地遭到贾甲拒绝。贾甲及其与张甲生育的三个子女是否能够继续经营张三和李四的家庭承包地呢？

解析

我国农村集体所有的土地施行的是家庭联产承包责任制和统分结合的双层经营体系，家庭承包的土地实行“增人不增地，减人不减地”的土地政策。《农村土地承包法》第16条规定，家庭承包的承包方是本集体经济组织的农户，即集体经济组织内部人人有份的土地承包方式是以户为生产经营单位进行承包的，享有家庭承包经营权的是农户家庭，而非户主或成员中的某一个人，只是在分配土地时按照人口计算土地的数量。户主或家庭成员中部分成员死亡的，由于作为承包方的户还存在，家庭中的其他成员（包括新增人员）有权继续经营使用土地。因此，只要承包户中的家庭成员没有全部去世，尚在的家庭成员都可以继续经营承包土地。

在上述案例中，张乙、张丙已经成立家庭独自承包经营土地，故其二人已经不是本农户家庭的成员；张丁婚后户籍从本村迁出，且在别村取得了土地收益，也已经不是集体经济组织的成员，而贾甲与张甲于 1991 年结婚后一直与张三、李四共同生活，已成为该农户家庭中的成员，故张甲去世后，作为承包方的农户家庭仍然存在，贾甲及其子女作为该农户家庭的成员有权依法继续耕种张三和李四的 3.7 亩土地。故张乙、张丙、张丁无权要求贾甲返还已故父母两人的 3.7 亩承包地。

那么，原户主去世，该承包土地是否存在继承问题呢？首先，非林地的家庭承包地不涉及继承的问题，只考虑是否存在该户现有家庭成员全部死亡（绝户）的问题，若没有绝户，那就是剩余的家庭成员承包所有土地；其次，如果绝户了，林地家庭承包地进行继承，非林地的家庭承包地收回村集体再进行重新分配。本案中，张甲去世后，因贾甲及其子女还是该承包户的家庭成员，他们作为家庭的新增成员有权依法继续耕种家庭承包地，故诉争承包地不具备继承的条件和情形。贾甲及其子女作为该农户家庭的成员有权依法继续耕种张三和李四的土地。

依据

《中华人民共和国农村土地承包法》第 16 条

36 户口已外迁的子女有权在父母去世后要求分割家庭承包地吗?

疑惑

张大和张二是兄弟,张父和张母分别于2018年9月、2021年2月去世。张母去世前在2021年1月5日立下一份《遗嘱》,将其与张父共同所有的房屋、自留地、果树、承包水田以及旱地交由张大继承。但张二认为这份《遗嘱》处分了属于其父亲的财产,并且《遗嘱》中涉及的水田和旱地不属于遗产,便以张大侵占不肯归还为由向法院提起诉讼。另外,张大一直在A村居住务农,张二已经于2018年将户口从原来的A村村委会迁移到了B村村委会,并且一直在B村居住、生活至今。

解析

《民法典》第1122条第1款规定,遗产是自然人死亡时遗留的个人合法财产。依照《农村土地承包法》第16条第1款"家庭承包的承包方是本集体经济组织的农户"的规定,只有同时具备承包土地所在集体经济组织的成员资格和农村承包经营户的家庭成员资格的人才能对承包土地享有权利。对于农村集体经济组织成员资格的认定，应以户籍登记作为判断取得和丧失农村集体经济组织成员资格的重要标准之一。张二同其家人在B村已经生活、工作了多年，其户口也早已迁到新的集体经济组织，显然他已经符合丧失原集体经济组织成员资格和取得新集体经济组织成员资格的标准。另外，自留地属于农村集体所有，承包经营权是以户为单位享有的，以户为单位进行管理、经营，不属于个人财产，家庭成员之间相互不发生继承。故张二对自留地、果树、承包水田以及旱地以法定继承的方式主张权利，没有依据。关于张父生前建造的房屋，张母以遗嘱的方式处分个人财产的部分合法有效，但因张父未留有遗嘱，对张父的部分应当按照法定继承的方式进行分割，但因张二享有的份额为1/6，不足1间，故确认房屋归张大所有，张大补偿1/6的房屋份额给张二。

依据

《中华人民共和国民法典》第1122条第1款

《中华人民共和国农村土地承包法》第16条第1款

37 离婚时，可以要求对婚姻存续期间的土地承包经营收益进行分配吗？

疑惑

1985年,A村进行土地调整,小钢一家共分得土地13亩,共同登记在户主小钢父亲名下。2008年,小虹与小钢结婚,并将户口迁移到小钢所在的A村。结婚后,小钢两口与父母分家,按照分家协议,小钢两口共同对家庭的5亩土地进行管理、收益。2018年,小虹与小钢因感情破裂离婚,离婚时,双方约定将位于A村北侧的3.5亩土地的收益归小虹所有,已经被占用的1.5亩土地的补偿金一半归小虹。上述土地均由村委会转租给某公司经营使用,每年每亩补偿金为1800元。两人离婚后,小钢把补偿金全部领走,没有向小虹支付。小钢认为,5亩土地是1985年分得的,当时的家庭成员不包括小虹,他也不是户主,所以与小虹离婚时的约定无效。那么,小虹有权主张上述土地收益吗?

解析

男女平等是一项基本国策,在国家的各项法律中都有所体现,

《农村土地承包法》第6条规定:“农村土地承包,妇女与男子享有平等的权利。承包中应当保护妇女的合法权益,任何组织和个人不得剥夺、侵害妇女应当享有的土地承包经营权。”

家庭土地承包经营是以“户”为单位的,“户”内成员只有因死亡或另外取得承包地时,承包经营权才消灭。夫妻作为农村承包经营户中的重要组成人员,与其他家庭成员共同享有土地承包经营权,对所承包的土地享有占有、使用和收益的权利。《农村土地承包法》第31条规定,承包期内,妇女离婚但仍在原居住地生活或者不在原居住地生活但在新居住地未取得承包地的,发包方不得收回其原承包地。即妇女的土地承包经营权并不因为外嫁、离婚或丧偶而当然丧失,如果妇女在新的居住地未取得承包地,其仍享有原家庭户项下的土地承包经营权。

在本案中,小虹与小钢结婚后就成为村集体经济组织的成员和小钢的家庭成员,虽然该村未给其分配土地,但小虹与小钢夫妻关系存续期间对案涉承包土地共同管理耕种投入,应享有土地承包经营的权益,解除婚姻关系时,可以对承包土地的收益进行分割。另外,离婚协议书系双方真实意思表示,协议内容不违反法律、法规的强制性规定,不违背公序良俗。因此,小钢应当按照离婚协议返还小虹土地的收益以及土地补偿费。

依据

《中华人民共和国农村土地承包法》第6条、第31条

38 承包期内离婚，发包方或夫妻一方是否能够剥夺另一方的土地承包经营权？

疑惑

小翠与张三于2000年登记结婚，将户口迁移到张三所在的A村。2005年4月A村村委会与张三订立了土地承包合同，约定村委会将集体农田6亩承包给张三一户经营。2018年12月小翠与张三因感情破裂，经由法院判决离婚。此后小翠一直生活在A村。2019年5月小翠起诉要求对土地承包经营权作出分割，后经由村委会调解撤回起诉。村委会在2019年9月作出《关于农村承包地纠纷调处意见》和《关于小翠、张三承包土地划分具体实施办法》，该办法约定将其中的3亩土地由小翠耕种，但是张三仍然不同意将这3亩土地交由小翠耕种。那么，小翠有权耕种吗？

解析

土地承包经营权是农村社会中人人有份的基本生活保障权利，每个家庭成员对所承包的土地均有使用、收益的权利，无论男女均享有平等的土地承包经营权。

《妇女权益保障法》第32条规定："妇女在农村土地承包经营、集体经济组织收益分配、土地征收或者征用补偿费使用以及宅基地使用等方面，享有与男子平等的权利。"《农村土地承包法》第6条规定："农村土地承包，妇女与男子享有平等的权利。承包中应当保护妇女的合法权益，任何组织和个人不得剥夺、侵害妇女应当享有的土地承包经营权。"第31条规定："承包期内，妇女结婚，在新居住地未取得承包地的，发包方不得收回其原承包地；妇女离婚或者丧偶，仍在原居住地生活或者不在原居住地生活但在新居住地未取得承包地的，发包方不得收回其原承包地。"

在本案中，小翠一直在张三所在的A村生活，在张三一户取得土地承包经营权后一直作为家庭人口数确定承包土地的份额。小翠离婚后也未将户口迁出，更未在他处取得土地承包经营权。现小翠和张三在承包期间内离婚，原集体经济组织不得因此收回小翠已经取得的承包地，同样，张三不得以离婚为由侵占小翠应有的承包地。

本案中，小翠主张分割土地承包经营权的份额，村委会作出的相关认定应当得到支持，因此作为本村村民的张三，若无证据证明村委会的土地分配方案不合理，法院可判决张三应当按照村委会的方案向小翠交付土地。

依据

《中华人民共和国妇女权益保障法》第32条

《中华人民共和国农村土地承包法》第6条、第31条

39 自留山承包人去世后，承包收益及土地经营权如何继承？

疑惑

彭父于2006年8月20日去世。生前育有彭大、彭二两个子女。1984年，彭父与A村村委会签订个人承包《荒山绿化合同书》，约定将500亩荒山及疏林地划给彭父作为自留地长期使用，后县政府颁发《社员自留山使用证》予以确定。

彭父去世时没有遗嘱，彭大、彭二也没有对该承包的自留山分割继承，此后自留山经营权承包人并未变更。2018年县政府与彭二签订《电网升级改造工程地上物补偿协议》，对于施工范围内的地上附着物进行一次性补偿共计125,435元。2021年1月25日，彭大将彭二告上法庭，要求继承父亲承包的500亩荒山并且分割彭二领取的补偿款。

解析

《农村土地承包法》第32条和第54条均规定承包人应得的承包

收益，依照继承法的规定继承。可见，无论是家庭承包还是以其他承包方式取得的承包收益，均属于遗产范围，是个人合法财产，可以由其继承人依法继承。另外，根据最高人民法院《关于适用〈中华人民共和国民法典〉继承编的解释（一）》第2条的规定，“承包人死亡时尚未取得承包收益的，可以将死者生前对承包所投入的资金和所付出的劳动及其增值和孳息，由发包单位或者接续承包合同的人合理折价、补偿。其价额作为遗产”。承包收益不仅包括承包方生前个人承包已取得的收益，也包括承包人死亡时尚未取得的收益。

对于土地经营权的继承。《农村土地承包法》第54条规定：“依照本章规定通过招标、拍卖、公开协商等方式取得土地经营权的，该承包人死亡，其应得的承包收益，依照继承法的规定继承；在承包期内，其继承人可以继续承包。”即对于其他方式的承包，承包人的继承人可以在土地经营权的剩余期限内继续按照承包合同的约定进行经营，并取得承包收益。

在本案中，彭父个人承包自留山，长期取得土地经营权，彭父去世后，在承包期内，其继承人可以继续承包自留山，但其继承人并未与村集体经济组织签订新的自留山土地承包合同，所以自留山地上物补偿款应作为彭父的遗产，由继承人依法继承。彭二作为承包人的继承人代表代领彭父去世后取得的地上物补偿款，属于彭父去世后取得的承包收益，应作为遗产由彭父的合法继承人依照《民法典》继承关系的规定继承。《民法典》第1130条第1款规定：“同一顺序继承人继承遗产的份额，一般应当均等。”而彭大作为彭父的法定继承人，同时有权继续承包该500亩荒山及分割收益。

依据

《中华人民共和国农村土地承包法》第32条第1款、第54条

《中华人民共和国民法典》第1130条第1款

最高人民法院《关于适用〈中华人民共和国民法典〉继承编的解释(一)》第2条

40 夫妻离婚时未对土地承包经营权进行分割的，可以要求再次分割吗？

疑惑

小红与李四2010年登记结婚，婚后小红将户口迁入丈夫李四所在的村子。2021年，李四向法院提起离婚诉讼，二人正式离婚。但因家庭共同承包的8亩的土地承包经营权并没有分割，小红于2022年1月向法院起诉要求依法分割土地承包经营权。

该地镇人民政府审批，蔡家承包责任田8亩，共为8个地块，承包方为李四夫妇以及李四父母，其中李某的父亲是户主。小红认为自己应当拥有其中1/4的土地承包权，但李家不肯，小红便将前夫李

四及前夫的父母告上法庭，要求分割8亩的土地承包经营权。

解析

《民法典》第1087条第2款规定："对夫或者妻在家庭土地承包经营中享有的权益平等，应当依法予以保护。"《农村土地承包法》第6条规定："农村土地承包，妇女与男子享有平等的权利。承包中应当保护妇女的合法权益，任何组织和个人不得剥夺、侵害妇女应当享有的土地承包经营权。"《农村土地承包法》第31条规定："承包期内，妇女结婚，在新居住地未取得承包地的，发包方不得收回其原承包地；妇女离婚或者丧偶，仍在原居住地生活或者不在原居住地生活但在新居住地未取得承包地的，发包方不得收回其原承包地。"

在本案中，小红是否享有土地承包经营权，应以土地承包权证及其审批表中其是否属于承包方成员为准，现土地承包权证及其审批表已明确注明小红是承包方的家庭成员之一，因此小红依法享有家庭承包经营责任田1/4的承包经营权。现小红与李四已经离婚，因此应对家庭承包的责任田的承包经营权进行分割。据此，法院应该判决小红享有家庭承包经营的责任田8亩的1/4份额，即2亩责任田的承包经营权。

依据

《中华人民共和国民法典》第1087条第2款

《中华人民共和国农村土地承包法》第6条、第16条、第31条

CHAPTER

5

第五章

林地纠纷

41 承包权人未经规划批准自行种植林木，可以获得退耕还林专项补助吗？

疑惑

张三是甲村的村民，1988年，张三与甲村村委会签订承包合同，约定土地四至范围和年限。2003年，甲村开始实施退耕还林，村委会并未将张三的信息统计入退耕还林信息内，张三从未签订《退耕还林合同》，2007年，张三在承包土地上自行种植林木，但无任何部门对张三退耕还林进行验收认定，张三并未获取退耕还林证。2013年张三索要退耕还林补助。镇政府与信访部门均出具意见书，表明，根据《退耕还林条例》，由于甲村并未统计张三实际退耕，且张三并未签订《退耕还林合同》获得《某市退耕还林证》，因此张三不具有获得补助的条件。后张三向法院起诉，因法院认为村委会等被告的职责仅为报送信息等，并未侵害张三的民事权利，驳回张三获得专项补助以及获得赔偿的请求。请问，承包权人未经规划批准自行种植林木，可以获得退耕还林专项补助吗？

解析

在本案中，首先，确认张三对该涉案土地享有承包经营权；其次，本案的争议焦点在于张三是否符合获得退耕还林补助的条件。根据《退耕还林条例》，退耕还林是一项系统工程，其程序：土地承包经营权人与县级人民政府或者其委托的乡级人民政府签订退耕还林合同，接着，退耕还林者履行自己的义务，实际退耕还林种草，县级人民政府林业行政主管部门应当按照检查验收标准，对退耕还林建设项目进行检查验收，经验收合格的，颁发验收合格证明。未经规定流程不能获得退耕还林补助。尽管张三实际自行种植林木，但是由于没有相关流程，所以不能获得退耕还林补助。最后，不享受退耕还林补助不影响承包收益的取得，根据《民法典》的规定，承包土地上的林木由张三种植，属于张三所有，张三可以在符合《森林法》等法律规定的情况下进行处分。综上，承包权人未经规划批准自行种植林木，不能获得退耕还林专项补助。

依据

《退耕还林条例》第13条、第18条、第30条、第31条第1~2款、第33条、第35条

42 林地承包经营权到期后是否自动延长？

疑惑

赵六是甲村集体经济的成员，1980年，赵六与甲村村委会签订承包林场合同，合同约定承包时间为30年，用来种植桃树。2010年，该合同期满，赵六与村委会是否合同续包以及相关条件并未达成一致意见，但赵六依旧在承包林地上种植桃树4年。赵六主张，根据中共中央办公厅、国务院办公厅《关于进一步稳定和完善农村土地承包关系的通知》，可以延续林地的承包期限。请问，赵六的主张有法律依据吗？

解析

从赵六与甲村村委会签订的合同来看，成立生效的合同，对双方当事人均有法律拘束力，根据诚实信用原则，不得擅自变更或解除合同。本案中，承包林地合同已到期限，赵六与村委会均履行各自义务，且并未就是否续包及相关条件达成一致意见，所以合同约定期满后，合同的效力终止，赵六不再享有林地承包经营权，应将土地归还村委会，并且应当支付4年非法占有的租金。

对于赵六主张根据中共中央办公厅、国务院办公厅《关于进一步稳定和完善农村土地承包关系的通知》（中办发〔1997〕16号）第2条规定，延长林地的承包经营权期限问题，首先，该文件第2条第1项规定："在第一轮土地承包到期后，土地承包期再延长30年，指的是家庭土地承包经营的期限。集体土地实行家庭联产承包制度，是一项长期不变的政策。"适用对象为集体土地中实行家庭联产承包制度的家庭承包土地。农村土地承包是指采取农村集体经济组织内部的家庭承包方式，不宜采取家庭承包方式的荒山、荒沟、荒丘、荒滩等农村土地，可以采取招标、拍卖、公开协商等方式承包。本案中，由于赵六承包的林地属于未分配的村集体财产，不是家庭承包地，不能适用该通知延续。

依据

中共中央办公厅、国务院办公厅《关于进一步稳定和完善农村土地承包关系的通知》

《中华人民共和国民法典》第330条、第332条

43 转包防护林的合同是否有效？

疑惑

2013年12月6日，C乡乡政府与黄某签订合同，约定C乡乡政府将一块防护林的林地和地上林木发包给黄某从事农业项目（特色果林)的种植生产经营,黄某享有承包林地的使用权、林木所有权和经营权,转包期限为65年,自2013年12月6日至2078年12月6日,转包价格20万元。合同签订后,C乡乡政府于2013年12月10日、2014年7月9日分别收取黄某转让款150,000元和50,000元,并将前述林地、林木交与黄某。后黄某与王某合伙共同经营。黄某、王某签订合同后,因该合同的履行实施了开挖道路、修建经营管理用房、报装架设用电设备、雇用人员等行为。黄某、王某将其中的约14亩土地用于栽种折耳根,将其余的大部分土地用于栽种天麻。2016年2月5日,王某将B坡林场部分林木卖于周某砍伐,后周某砍伐了林木78株,共计1.8976立方米,周某因此被林业部门处以罚款2125元,并被责令于2016年12月31日前补种林木390株。2017年1月9日,C乡乡政府提起诉讼,请求确认与黄某2013年12月6日签订的合同无效,请求判决黄某、王某将B坡林场返还C乡乡政府。那么C乡乡政府和黄某签订的合同是否有效呢?

解析

《森林法》将森林划分为防护林、用材林、经济林、薪炭林和特种用途林,不得非法改变林地用途,特别对于防护林,不得转变为其他性质的用途。因此,C乡乡政府与黄某签订合同,约定将作为防护林的B坡林场转包与黄某从事农业项目(特色经果林)种植生产经营,将防护林的用途更改为商品林,违反了《森林法》第15条第3款的强制性规定,因此该合同无效。

合同无效,因该合同取得的财产,应予以返还。C乡乡政府与黄某签订合同后,从黄某处取得的转包款应当返还,双方已实际履行合同4年,已经履行的部分应当扣除。黄某因该合同取得B坡115.4亩防护林地使用权,应当返还C乡乡政府,黄某与王某合伙经营,应当承担共同的返还责任。黄某、王某在返还之前应当妥善保护林地内的植被,在收获天麻和折耳根作物时应当采取最有利于生态保护的收获方法,C乡乡政府应当对此进行监督。C乡乡政府与黄某所签合同无效,C乡乡政府作为国家机关,对相关法律规定的掌握程度明显高于作为自然人的黄某,故C乡乡政府对合同无效承担70%的过错责任,黄某承担30%的过错责任。

依据

《中华人民共和国森林法》第15条

《中华人民共和国民法典》第157条

44 林地承包经营权能否作为遗产继承?

疑惑

老汪、阿英共生育二子汪大、汪二。汪大由于工作原因将户口转为城镇户口，汪二一直生活在A村。1981年国家林权制度改革，农村居民以家庭为单位对林地进行承包经营，在进行林权登记时，汪二家庭户口共有祖母、母亲阿英、妻子、儿子汪甲、女儿汪乙六人，共分得38亩林地的承包经营权，该林权登记在汪二名下。1993年汪大、汪二的祖母去世，2002年父亲老汪去世，2014年母亲阿英去世。汪大多次找汪二协商林地事宜，汪二均不予配合。现汪大向法院提起诉讼，主张要求继承其母亲及祖母所有的林权。那么，林地承包经营权能否作为遗产继承呢？

解析

林地承包经营权采用农村集体经济组织内部的家庭承包方式，农村集体经济组织按照家庭人数分配林地承包经营权，但其林地承包经营权属于农户家庭整体，并不属于家庭中某一成员，而遗产是公民死亡时遗留的个人合法财产，这种以户为单位的承包经营权属于用益物权，不属于个人财产，也不属于遗产的继承范围。因此林地承包经营户中某一家庭成员死亡时，由其他家庭成员继续承包经营，不发生继承。只有当承包经营户中家庭成员全部死亡时，其继承人才可以依据最高人民法院《关于审理涉及农村土地承包纠纷案件适用法律问题的解释》的规定，请求在承包期内继续承包。

汪大不是承包经营户的家庭成员，且阿英去世后，该承包经营户中还有其他家庭成员，故林地承包经营权不发生继承。同时，汪大系城镇户口，并非集体经济组织的成员，按照《农村土地承包法》第32

条第2款的规定，其无权继续承包其母亲的山林份额，只能对其母亲承包的山林份额所产生的收益享有继承权。

依据

《中华人民共和国农村土地承包法》第32条

45 林地承包经营权未到期，土地补偿费应当如何分配？

疑惑

1987年2月1日，A村经济合作社（甲方）与张三（乙方）签订荒山承包合同，约定张三承包坐落在某处的10亩荒山，承包期为50年，自1987年2月1日至2037年1月31日，承包期内乙方新植树木按总收入分成，甲方占5%，乙方占95%，该合同经过公证。此后，张三申办林权证，并于2008年换新证，登记的林地所有权权利人为A村B组，林地使用权权利人、林木所有权权利人、林木使用权权利人均为张三。因A村外环路工程建设需要，征占A村B组部分集体所有土地，包括张三承包的8亩林地。该8亩林地按照每亩10,000元的标准给付土地补偿款，县公路建设拆迁安置暨施工保障工作领导小组办公室向张三送达了补偿评估结果告知书，内容显示“经调查了解该征占土地权属为A村B组集体所有，所征占的土地补偿款应对准A村B组，地上的各类用材林补偿归张三所有”。关于地上附着物补偿张三已经与政府初步达成补偿协议。张三与A村村委会、A村B组因土地补偿费用分配意见分歧较大，故导致诉讼。本案中，张三的承包经营权还未到期，他是否有权获得土地补偿费呢？

解析

随着我国农村城镇化、城市化进程的加快，农村土地大量被征收、征用，由此引发的征收补偿费分配纠纷案件大幅上升。根据《民法典》《土地管理法》《土地管理法实施条例》等法律法规的相关规定，土地征收补偿费主要包括土地补偿费、安置补助费及地上附着物和青苗补偿费等。

本案中，虽然根据《土地管理法实施条例》第26条的规定，土地补偿费原则上应归农村集体经济组织所有，但是现行法律对征收土地补偿费的分配问题没有明确具体的分配标准，在双方签订的承包合同中对此也没有明确约定，根据《土地管理法》第48条的规定，征收其他土地的土地补偿费和安置补助费标准，由省、自治区、直辖市参照征收耕地的土地补偿费和安置补助费的标准规定。例如，若土地补偿费纠纷发生在河北省，可以参照河北省人民政府

《关于实行征地区片价的通知》中规定的"土地补偿费20%归集体经济组织,80%归被征地的土地使用权人或者按照家庭承包方式承包土地的农户;被征土地没有土地使用人和集体经济组织未发包以及实行其他方式承包的土地,土地补偿费全部归集体经济组织,由村集体经济组织依法分配或者使用"进行土地补偿费分配。具体到本案的案情,张三与所在集体经济组织以协商签订荒山承包合同的形式,承包了所在集体经济组织山林,属于以其他方式承包土地,并不属于上述通知规定的以家庭承包方式承包土地的农户,并且双方在合同中对将来涉及土地补偿费分配亦无明确约定,故不能直接适用上述条款。但是,依照《民法典》第243条、第338条规定,以其他方式承包的土地使用权人可以获得相应补偿。考虑到林木收益本身周期较长,本案是承包合同履行中因征地这一客观情势变更因素的介入,才导致合同不能继续履行,而张三在合同履行中有较大投入,且剩余承包期限较长等客观条件,如果对其土地承包经营权不予适当补偿,对张三有失公平。所以,综合考量上述因素,可以分配给张三一定比例的土地补偿费。

依据

《中华人民共和国民法典》第243条第2款、第338条

《中华人民共和国土地管理法》第48条第1~3款

46 村民可基于实际经营农村荒地主张事实承包合同关系吗？

疑惑

黄某甲、黄某乙均为A村村民。1991年1月1日，A村村委会与黄某甲签订《茶场承包合同书》，约定将址于A村B自然村周边的茶场山地、茶园地承包给黄某甲经营管理，承包期限至2000年12月31日。茶场有石结构工房平屋两间。黄某甲未对茶园和林地进行实际经营管理，导致茶园和林地落荒。自2002年起，黄某乙自行出资开荒扩路、架设用电设施、修复破房并种植茶油苗和速生林上百亩。A村村委会自2006年起知道黄某乙占用前述茶场山地、茶园地并实际开发经营茶场及扩展周边林地。2011年9月27日，黄某乙申请注册登记某丙林果场，经营范围为果树种植、果苗培育，营业场所为A村B自然村（茶场工房所在地），A村村委会加盖公章给予办理。2016年、2017年，县财政局、农林局针对2013年至2015年、2015年至2016年生物防火林带抚育及新建发放补助资金，其中有某丙林果场2013年至2015年新建75亩，实拨15万元；2015年至2016年新建38亩、抚育75亩，实拨11.35万元。

2015年8月2日，A村村委会就前述茶场山地、茶园地与案外人李四签订《土地租赁协议》,约定土地租赁期为30年,自2015年5月12日至2045年5月11日,年租金为3000元。2014年8月12日,A村村委会收取李四一次性支付的20年土地租金60,000元。A村村委会与李四未对黄某乙所经营管理的茶油树、果树、速生林进行补偿。在本案中,黄某乙事实占用经营茶场及周边林地,A村村委会明知不反对,双方是否在事实上成立了承包关系,A村村委会能否请求黄某乙退还占用的茶场?

解析

本案的关键点在于黄某乙未签订承包协议而对涉案茶场及周边林地进行开发利用的行为能否被定性为事实承包行为、黄某乙是否享有优先承包权的问题。

对于黄某乙与A村村委会之间是否构成事实承包关系的问题。涉案茶场及周边林地在黄某乙管理前处于撂荒状态,黄某乙自行出资,实施了开荒、种植行为,也得到了A村村委会的支持,A村村委会协助其办理林果场的工商营业执照,申请生物防火林带抚育及新建补助资金,可以认定A村村委会默认黄某乙占有经营茶场及周边林地,黄某乙与A村村委会之间构成事实承包关系,黄某乙实际取得了涉案茶场及周边林地的经营权和所种植林木的所有权。

对于黄某乙对茶场是否享有优先承包权的问题。土地优先承包权是土地承包经营权人在合同期满后根据法律规定或合同约定取得的一种优先权。同等条件下,原土地承包经营权人享有取得原土地承包经营权的优先权。本案中，黄某乙与A村村委会就涉案茶场及周边林地虽然未签订过书面承包合同，但是其已通过实际的经营行为以及A村村委会的默认，在事实上取得了涉案茶场及周边林地的承包经营权且长达10余年，足以认定A村村委会对黄某乙作为承包经营者进行了追认。由于A村村委会与黄某乙未签订书面承包合同，可视为不定期的承包合同关系，黄某乙享有同等条件下的优先承包权。A村村委会可随时主张对土地进行管理并按照法律规定的程序进行发包，但应保障黄某乙的合法权益和优先承包权。此外，黄某乙为B自然村村民小组成员，案涉茶场属于B自然村，根据最高人民法院《关于审理涉及农村土地承包纠纷案件适用法律问题的解释》第19条针对其他方式承包纠纷的处理规定，"本集体经济组织成员在承包费、承包期限等主要内容相同的条件下主张优先承包权的，应予支持"。认可黄某乙享有优先承包权更符合该解释本意。综合以上法律规定和客观事实，A村村委会在向第三人发包或出租该土地承包经营权时，应尊重并保障黄某乙的优先权。但其未征求黄某乙意愿，在黄某乙有继续承包意愿的情况下，直接将涉案茶场及周边林地出租，A村村委会的行为侵犯了黄某乙的优先权。因此，A村村委会无权请求黄某乙退还占用的茶场。

依据

《中华人民共和国土地管理法》第39条

《中华人民共和国农村土地承包法》第51条

47 承包家庭分户后，原成员是否还享有原土地承包经营权上的利益？

疑惑

陈甲是陈乙、陈丙、陈丁的父亲，陈乙、陈丙、陈丁在结婚之前，均与陈甲共同生活并共同耕种以陈甲为承包户主的承包土地、林地。陈乙出嫁后，未再耕种。2008 年经全家同意签署分家单，承包的耕地未做分配，但就林地部分向每人颁发了林权证，其中登记在陈丙名下的林地有坐落于乙村民小组的还坡 38.61 亩、娃娃儿坡 0.41 亩、岩上 1.1 亩。

2016 年，因国家修建高速公路需征收陈甲与陈丙、陈丁的坡耕地 12.726 亩、平耕地 6.56 亩、荒地 9.588 亩，并对上述征收的土地进行了补偿，以上各项补偿款及青苗费共计 883,806 元。经甲县丙镇人民调解委员会主持调解，陈甲、陈丙、陈丁、陈乙四人就分配此笔土地征收补偿费用于 2018 年 2 月 7 日达成协议并签字确认，由陈甲夫妻分得 80,000 元、陈乙分得 40,000 元、陈丁分得 163,806 元、陈丙分得 160,000 元。

2018 年 3 月 15 日，因国家修建高速公路再次征收陈丙的林地。其中征收陈丙的名为“还坡”的林地 1.08 亩，应得补偿款 44,280 元，该林地内的树木补偿款1720元，地名为“娃娃儿坡”的林地内树木补偿款5800元，以上补偿款共计51,800元。陈甲、陈乙是否有权主张分得该次征地的补偿款？

解析

家庭内分户后对土地的承包经营，不是对私有财产的分配，也不是对土地权属的继承，而是对第一轮的家庭承包户内的土地实际承包经营人的改变。农村家庭以户为单位承包经营的土地在流转中依法所形成的新的土地承包关系具有法律效力，其中依法登记的土地、林地的所有权和使用权受法律保护，任何单位和个人不得侵犯，包括家庭成员之间也不能相互进行干预和侵犯。在家庭承包范围内的土地、林地因国家征收、征用所产生的收益，也当然属于依法登记的土地使用权人，原承包人无权要求享有因土地、林地被征收、征用产生的经济收益。

在上述案例中，作为第一轮承包土地的共同承包人的陈甲、陈乙，在第二轮土地承包时，因家庭分户、外嫁而将林地以分家析产的方式确认给陈丙、陈丁作为家庭户承包经营，并由林地主管部门依法颁发了林权证作为经营权权属证明，据此形成了新的家庭承包户，应当以最新登记的共同承包人作为权利主体。因此，陈甲、陈乙对于土地、林地被征收时登记在陈丙、陈丁名下的土地、林地无承包经营权，陈甲、陈乙无权主张分得该次征地的补偿款。

依据

《中华人民共和国土地管理法》第12条第2款

48 村集体收回承包地时，承包方是否有权要求其对土地上的树木进行补偿？

疑惑

张三是甲村村民。1994年1月1日，甲村乙合作社(发包方)与张三(承包方)签订《承包合同》，约定张三以投标方式承包两块林地计3亩，承包期限为1994年1月1日至2014年1月1日，共20年，承包费用共计3700元，承包方在承包期内享有土地使用权、收益权、经营自主权、依法转让权；同时有依法进行土地开发、种植、林木更新、采伐的义务。合同签订后，双方完成租金支付和土地交付。交付时地上已有部分栗子树和核桃树，后张三又陆续栽种了459棵栗子树进行生产经营。合同到期后，甲村乙合作社对上述两块土地予以收回。张三是否有权要求甲村乙合作社在收回土地时对该土地上的栗子树进行补偿？

解析

在上述案例中,双方签订的是以投标方式取得承包权的土地承包合同,故双方应为平等主体,应按照合同约定享有、履行各自的权利义务。

首先,承包合同约定,承包方在承包期内有依法进行土地开发、种植、林木更新、采伐的义务,享有土地使用和收益的权利。但合同没有对到期后承包土地上的林木归属和补偿问题进行约定,张三在承包期届满后就其自行种植的树木要求甲村乙合作社支付经济补偿的诉讼请求,在合作社明确表示拒绝的情况下,不符合意思自治的基本原则。

其次,该合同明确约定了 20 年的承包期限,张三在合同履行开始时就应对承包合同的履行方式和承包期限届满后的结果有明确预期,从而进行合理投入,其以已进行投入为由要求对方必须支付补偿款的主张,与诚实信用原则不符。

再次,张三承包土地 20 年的承包费仅为 3700 元,且在此期间其已就投入获得了充分的收益,现林木评估价值高达 494, 780 元,在合作社明确表示无力支付高额补偿的情况下,若法院判决支付以上巨额补偿款,亦与公平原则不符。

最后,农村经济合作社以本村集体所有财产进行投入,代表着全体社员的利益,若甲村乙合作社为支付以上补偿款背负巨额债务,该村全体社员就要为此共同负担债务,与该村其他村民的基本利益不符。

综上，张三对土地上的树木享有所有权，有权在符合《森林法》等相关法律规定的情况下，对林木进行自行移植等处理，但无权要求甲村乙合作社就此支付补偿款。

依据

《中华人民共和国农村土地承包法》第3条

《中华人民共和国民法典》第509条第1款、第2款

49 可以不办理采伐许可证采伐自家的林木吗？

疑惑

2000年6月16日，甲村将A山场承包给张某，2018年2月5日至9日，张某见山中树木已成材，故在未办理采伐许可证的情况下雇用工人到A地砍伐林木并进行出售。被砍伐的林木面积为12亩，被砍伐株数为700株，立木蓄积55立方米，价值为20,000元。2018年5月29日，张某因涉嫌滥伐林木罪被公安机关抓获。

解析

按常理来说，这些树木的所有权归自己所有，属于自己名下的私有财产，自己拥有完全的自由处置权。自己处理自己的财产，怎么会被判刑呢？因此，很多人对此难以理解。但从法理上讲，虽然个人种植的树木，其所有权属于个人，个人有权决定进行采伐，但是必须经过国家允许，并按规定办理采伐许可证后才可以采伐。同时，归个人所有的树木，也属于国家森林资源的一部分。如果擅自砍伐，已经构成了破坏国家森林资源的行为，采伐的林木也不再是个人的合法财产，而是非法所得，应予以收缴，并且依法追究其刑事责任。人类与森林自古以来有着重要的依存关系，人类社会的生产和发展，一直伴随并依赖着森林。森林是人类生命的天然保护伞，除了为我们提供生活的必需品之外，也为我们担负着净化空气、美化环境、保持水土、减少噪声等重要功能。保护森林，就是保护我们自己。因此，国家制定了《森林法》，对森林资源的采伐和种植有着严谨的规划和控制，施行有计划地采伐利用，并有计划地种植，以保持相对平衡的森林覆盖率。那么，是否私自砍伐所有的树木都涉嫌犯罪呢？《森林法》对此又作出了补充，对于房前屋后的零星树木，则不受限制，可以砍伐并种植，对于自留山地，已经形成一定规模的林木，才需要办理采伐许可证。本案中，张某违反了《森林法》的规定，未经林业行政主管部门批准并核发采伐许可证，滥伐林木数量较大，其行为已构成滥伐林木罪。

依据

《中华人民共和国刑法》第345条第2款

50 林地权属有争议时如何确定权利人?

疑惑

2000年4月,家住甲村的张某将自有的果园和自己从村集体受让到的集体荒山大约20亩转让给李某,双方按当时习惯对林地进行大致定界后,就草草签下果园荒山转让协议。李某受让到的果园荒山与张某的邻居杨某的林地相邻,双方因界限问题发生多次争执。2007年,李某向当地政府申请办理林权登记,林业部门颁发了林权证书,但杨某对林权证登记的范围并不认可,双方生产生活中的矛盾摩擦不断升级。2021年7月,李某的妻子砍伐了登记在其一方林权证书上的、但属于双方争议林地上的桉树,计7.1立方材积,杨某认为李某的妻子越界砍伐自己林地上的桉树,双方矛盾进一步加深。于是,杨某向法院提起诉讼,要求李某赔偿砍伐桉树造成的经济损失6000元。那么,杨某的请求能够得到支持吗?

解析

对于林木林地已经登记发证的，林木林地的所有权和使用权就依法得到了政府确认，如果一方当事人认为另一方持有的林权证侵犯其林木林地权属，应当通过请求撤销对方的林权证，或者通过提出林木林地权属争议申请来寻求救济。在处理林权争议案件过程中，生效林权证是处理林权争议的主要依据，只有当林权证存在重大且明显违法的情况下，权属争议处理机构才可以不采信该林权证，并根据其他有效证据对权属争议进行处理。本案中，张某对争议林地的所有权和使用权已经经过政府的确认，有权在符合法律规定的情形下进行处置，他人无权干涉。因此，杨某无权向李某主张赔偿。

依据

《中华人民共和国森林法》第 15 条

CHAPTER
6

第六章

宅基地政策解读

51 一户村民能申请几处宅基地？

疑惑

刘某为甲村村民，其作为户主享有150平方米的宅基地使用权。刘某儿子刘儿于2015年与张某结婚，婚后张某将户口迁入刘某的家庭户口。2017年，刘某之孙刘孙出生。由于家庭人口增多，住房空间不足，2018年，刘儿以自己作为申请人，以张某、刘孙为家庭常住人口，填写了《甲村农村居民建房用地申请表》，申请农村建房用地，但未被批准。刘儿不服，向法院提起诉讼。

解析

依照《土地管理法》第62条的规定，农村居民一户只能拥有一处宅基地。本案中刘儿、张某、刘孙均为户主刘某的家庭成员，已享有150平方米的宅基地使用权，不得再申请新的宅基地使用权。这也就是我们俗称的“一户一宅”原则，即申请宅基地以户为单位，一户只能申请一处宅基地。如果申请人此前已享有宅基地，再申请的，则土地管理部门不予受理。这里的“户”，应根据公安机关户籍管理的户口来进行判断，也就是说，一个户口簿上登记的家庭成员就属于一户。因此，通俗地说，一个户口簿只能申请一处农村宅基地。

依据

《中华人民共和国土地管理法》第62条第1款、第2款

52 已与他人共同申请过宅基地的人还可以再申请宅基地吗?

疑惑

王某(女)与李某(男)为夫妻关系,共同育有一儿李甲、一女李乙。1988年王某的哥哥以"家有母亲和妹妹,故住房紧张"为由,申请农村建房用地时,将王某作为家庭人口(立基人)计算在内,取得了农村建筑用地许可。李某在原籍甲村拥有总面积200平方米的农村宅基地使用权,且系户主。李甲、李乙的户籍分别于2005年8月20日至29日从乙村、丙村迁入丁地户口,且均系非农业户口。

2005年10月20日,王某自己作为申请人,以李某、李甲、李乙为家庭常住人口,填写了《丁地农村居民建房用地申请表》,申请农村建房用地。在村民小组意见栏内,王某等户籍所在的村民小组组长于同月24日签署"同意"的意见,但并未表明同意王某等建房用地的方

位、数量、土地性质。在村委意见栏内，王某户籍所在村的村民委员会于同日签署“暂不审批”的意见。此后，丁地人民政府于同日作出未予批准给予王某等建房用地的意见。随后，王某不服丁地人民政府作出的决定向法院提起诉讼。

解析

农村居民一户只能拥有一处宅基地。本案王某之兄在1988年申请农村建房用地时，已将王某作为家庭人口计算在内，李某在原籍甲村拥有农村宅基地使用权，依法不能再享有农村建房用地的权利，李甲、李乙均系非农业户口，且无享有农村建房用地的事实和法律依据。由于1988年王某就知道或应当知道王某之兄将其的建房用地申请在同一处，时至2005年王某才提出其不知该项申请，已过了相应的诉讼期限，不能作为王某无建房用地的理由。因此，王某、李某、李甲、李乙均无权申请使用丁地的农村宅基地。

宅基地申请人具有特定身份属性，具体如下：

1. 要求申请人必须为农业户口。宅基地制度系国家为了保障广大农民的居住条件而设立的，因此，其权利主体必须为农民，且从户籍管理角度必须为非城镇户口。

2. 要求申请人必须为该集体经济组织成员。因为宅基地属于集体经济组织对自身所享有所有权土地的使用权的一种再分配，原则上只能由该集体经济组织内部符合规定的成员依法提出申请而享有。

3. 要求申请人此前没有享受过宅基地。根据《土地管理法》第62条的规定,农村村民一户只能拥有一处宅基地。这也就是我们俗称的“一户一宅”原则,即申请宅基地以户为单位,一户只能申请一处宅基地。如果申请人此前已享有宅基地,再申请的,则土地管理部门不予受理。这里的“户”,应根据公安机关户籍管理的户口来进行判断,也就是说,一个户口簿上登记的家庭成员就属于一户。

依据

《中华人民共和国土地管理法》第62条

53 宅基地使用权可以抵押吗?

疑惑

陈某为甲村村民,在甲村作为户主享有200平方米的宅基地使用权。2021年3月,陈某自家经营的果园遭受虫害,入不敷出,遂向某银行申请抵押贷款。在申请时,陈某提出将自家的农村宅基地自建房作为抵押财产申请贷款,却被银行拒绝。

解析

农村宅基地使用权可以用于抵押吗？答案是不能。宅基地是集体土地，是农民的保障，因此《民法典》第399条第2项明确规定，宅基地、自留地、自留山等集体所有土地的使用权不得抵押，但是法律规定可以抵押的除外，即除全国人大常委会授权开展农民住房财产权抵押试点的地区外，其他地方农村宅基地和农房不能抵押。由于我国实行“房地一体”原则，因宅基地使用权不得抵押，造成其上农房事实上也不能抵押。

依据

《中华人民共和国民法典》第399条

54 子女是城镇居民，老人去世后村委会能强行收回宅基地吗？

疑惑

魏某为甲村村民，作为户主在甲村享有130平方米的宅基地使用权,家庭成员包括一子魏儿及一女魏女。魏儿、魏女分别于2004年、2008年将户口从甲村迁至乙市,均转为非农业户口。2018年,魏某去世,村委会以魏儿、魏女均为城镇居民为由,强行收回魏某一户的宅基地使用权。魏儿、魏女认为虽然自己已将户口转为非农业户口,但其作为魏某的合法继承人,应当继承魏某的自建房的所有权及宅基地使用权。

解析

首先,根据《土地管理法》的规定,农村宅基地所有权、宅基地使用权和房屋所有权相分离,宅基地所有权归农民集体所有,宅基地使用权和房屋所有权属于农户。宅基地使用权人以户为单位,依法享有占有和使用宅基地的权利。仅有本村村民才能取得土地承包权及使用权,而外村村民及已将户口迁出或转为非农业户口的原村民,是不能取得承包权及使用权的。

若子女均为城镇居民,则老人去世时,农户消亡,权利主体不再存在,则宅基地使用权灭失。但是,根据《民法典》继承编的有关规定,老人的房屋作为其遗产由子女继承。因房地无法分离,子女继承房屋取得房屋所有权后,可以依法使用宅基地。若死亡的时候宅基地上没有建设房屋,那么宅基地使用权是不能单独被继承的。

2020年,自然资源部等多部门联合对“十三届全国人大三次会议第3226号建议”作出明确答复,农民的宅基地使用权可以依法由城镇户籍的子女继承并办理不动产登记。

因此，在本案中，虽然魏儿、魏女均为城镇居民，但依法可以继承其父的宅基地的使用权及地上房屋，村委会不能强行收回。

依据

《中华人民共和国土地管理法》第 9 条第 2 款、第 11 条

《中华人民共和国民法典》第 1122 条

55 村民将村里的宅基地卖了之后还能再申请宅基地吗?

疑惑

谢某为甲村村民。2004 年，谢某作为户主取得了甲村 200 平方米的宅基地使用权，并在其上修建了农房。2012 年，谢某进城打工，临走前将其自建房卖给村里尚未取得宅基地的老李，但并未将户口迁出。2018 年，谢某回到甲村，向村委会申请另批宅基地用于居住，却未获村委会批准。

解析

宅基地是农民的生活保障。我国实行"一户一宅"原则，即申请宅基地以户为单位，一户只能申请一处宅基地。如果一户此前已享有宅基地使用权，则不能再次申请。《土地管理法》第62条第5款明确规定："农村村民出卖、出租、赠与住宅后，再申请宅基地的，不予批准。"因此，将村里的宅基地出卖之后，不能再次申请宅基地。

依据

《中华人民共和国土地管理法》第62条第5款

56 非本村村民可以购买宅基地建设房屋吗？ 村委会认可是否可以？

疑惑

1999年，城镇居民老王刚退休，居住在城镇小区，一直想在风景优美、毗邻小区的A村购置一处宅基地建造四合院来生活，达到"城里有套房、村里有个院”的退休生活目的。于是,他四处打听消息,听说村里的光棍老李因没有收入准备卖掉自己的老宅,其与老李签订了房屋买卖合同,约定因老李打算出卖住宅,其打算购置住宅,于是以 10 万元的价格购置老李位于该村、面积为 3 分的宅基地,一次性买断房屋、土地、院内树木,交付之后王某可以自行进行建设翻盖,老李配合申报手续,如不被批准则继续登记在老李名下。购买后,老王进行翻建并为该村翻建公厕一间,村委会发放证明将房屋登记在老王名下。2015 年,老李因附近地区出租房屋价格上涨,起诉要求确认房屋买卖合同无效,要求返还房屋和土地,老王则认为自己购买了土地房屋,村委会还出具了房屋归自己所有的证明,双方各执一词。法院如何裁判?

解析

宅基地是法律为了保护本村村民有基本的居住条件而设定,非本村村民不得购买宅基地用于建造房屋,这是法律严格禁止的,靠和村委会利益交换获得《荣誉村民证明》并不能获得集体经济组织成员资格,除非其依法将户口迁入了该集体经济组织。

根据《民法典》第 362 条的规定:“宅基地使用权人依法对集体所有的土地享有占有和使用的权利,有权依法利用该土地建造住宅及其附属设施”。村民对于自己的宅基地,享有的主要是在占有的基础上进行使用的权利,即宅基地使用权。

宅基地使用权主要有以下几个特征:

第一,宅基地使用权的主体只能是农村集体经济组织的成员。城镇居民不得购置宅基地,除非其依法将户口迁入该农村集体经济组织。

第二,宅基地使用权的用途仅限于村民建造个人住宅。个人住宅包括住房及与村民居住生活有关的附属设施,如厨房、院墙等。

第三,宅基地使用权实行严格的"一户一宅"制。根据我国《土地管理法》的规定,村民一户只能拥有一处宅基地,其面积不得超过省、自治区、直辖市规定的标准。村民建住宅,应符合乡(镇)土地利用总体规划,并尽量使用原有的宅基地和村内空闲地。村民住宅用地,经乡(镇)人民政府审核,由县级人民政府批准,但如果涉及占用农用地的,应依照《土地管理法》的有关规定办理审批手续。村民出卖、出租住房后,再申请宅基地的,不予批准。

第四,宅基地具有福利性,即宅基地的初始取得是无偿的。

本案中,合同违反了法律法规的强制性规定而无效,老王确实应当将宅基地和地上房屋一并返还给老李,但是这并不是无偿的,老李一是需要将当时购买土地时的10万元返还,二是需要将评估的区位补偿价的70%支付给老王,双方需要同时对向支付。

依据

《中华人民共和国民法典》第362条、第363条

《中华人民共和国土地管理法》第62条第5款

57 宅基地使用人的义务有哪些?

疑惑

我国实行农村土地集体所有的制度,农民对其宅基地不拥有所有权,只拥有使用权。农民可以申请宅基地建造住房,但有严格的规定。那么,宅基地使用人的义务有哪些?

解析

宅基地使用权人在享受权利的同时,必然也要对宅基地的使用承担相应的义务,具体包括以下几个方面:

1. 按约定使用宅基地的义务。

国家设立宅基地制度主要是为了解决农民的居住条件,因此,农户在申请、使用宅基地时理应遵守。作为宅基地使用人只能在宅基地上建造住宅及其附属设施用于居住。

2. 按规定建造房屋及其附属设施。

这里的规定既包括法律法规也包括国家政策,既包括初始建造也包括翻建扩建,既包括建造面积也包括建造层数,既包括建造图纸也包括建造质量,既包括附属设施的类型也包括附属设施的面积。

3. 注意保护土地。

虽然宅基地主要用于农民建房、改善居住条件,但其仍属于农村土地的范畴,所以在使用时需特别注意对土地的保护。《土地管理法》第10条规定,宅基地使用权人作为第一责任人,具有保护、管理和合理利用土地的义务。例如,在申请时,可以利用荒地的,不得占用耕地;可以利用劣地的,不得占用好地。在建设时,禁止占用耕地来建房、建窑。

4. 注意相邻关系。

宅基地使用权人在享有停止侵害、排除妨碍、返还占有、恢复原状、赔偿损失等物上请求权的同时,也对他人宅基地使用承担相应的义务。《民法典》第288条规定,不动产的相邻权利人应当按照有利生产、方便生活、团结互助、公平合理的原则,正确处理相邻关系。该法第290条规定,不动产权利人应当为相邻权利人用水、排水提供必要的便利;对自然流水的利用,应当在不动产的相邻权利人之间合理分配。对自然流水的排放,应当尊重自然流向。该法第296条规定,不动产权利人因用水、排水、通行、铺设管线等利用相邻不动产的,应当尽量避免对相邻的不动产权利人造成损害;造成损害的,应当给予赔偿。具体到宅基地的相邻关系中,根据上述法律规定,宅基地相邻各方,应当按照有利生产、方便生活、团结互助、公平合理的精神,正确处理截水、排水、通行、通风、采光等方面的相邻关系,给相邻方造成妨碍或者损失的,可以根据《民法典》第179条的规定要求其承担停止侵害、排除妨碍、消除危险、恢复原状、赔偿损失等民事责任。

依据

《中华人民共和国民法典》第179条、第288条、第290条、第296条

《中华人民共和国土地管理法》第10条

58 在原有宅基地上翻建房屋需要审批吗?

疑惑

20世纪八九十年代,许多农民朋友通过审批获得了宅基地,并在此建造了房屋。但十几年甚至二十几年过去了,房屋开始出现损坏、老化的情况,需要对房屋进行翻修、翻建。然而摆在他们面前的最大困惑既不是筹集资金,也不是聘请哪家施工队,而是在自己的宅基地上进行房屋翻建行为到底是否需要审批?

解析

村民在自己的宅基地上进行房屋翻建需要有权行政机关进行审批,具体分为以下两种情形。

情形一：投资额在30万元以下或者建筑面积在300平方米以下的。

根据《城乡规划法》第41条的规定，在乡、村庄规划区内使用原有宅基地进行农村村民住宅建设的规划管理办法，由省、自治区、直辖市制定。根据上述法律规定，某个村的宅基地翻建到底是否实行规划许可管理，还得具体看各省有没有制定相应的规定或者办法。

情形二：投资额在30万元以上或者建筑面积在300平方米以上的。

根据《建筑工程施工许可管理办法》第2条第2款的规定，投资额在30万元以上或者建筑面积在300平方米以上的建筑工程，需要办理建筑工程施工许可证。也就是说，农民在宅基地上翻建住宅如果金额或者面积超过上述标准，除根据各省规定核实是否需要取得乡镇政府颁发的乡村建设规划许可证之外，还需要向房屋所在地的县级以上地方人民政府住房城乡建设主管部门申请领取施工许可证。

村民在自己宅基地上进行房屋翻建行为需要经过有权机关审批达成共识。大致程序：首先由村民向村委会提交申请，其次由村委会审核通过后提交乡镇政府，最后由乡镇政府根据规划进行审批。需要强调的是，如果翻建行为没有履行上述审批程序，有可能会因为住宅未经批准或者违反规划等原因，而由乡镇政府按照乡村违法建设进行查处。

依据

《中华人民共和国城乡规划法》第 41 条

《建筑工程施工许可管理办法》第 2 条第 2 款

59 怎样认定村民“一户一宅”的问题？

疑惑

根据我国《土地管理法》的规定，村民一户只能拥有一处宅基地，宅基地使用权实行严格的“一户一宅”制。那么怎样认定村民“一户一宅”的问题？

解析

对村民“一户”认定，原则是根据公安部门管理的户籍来认定。如果在户口簿上登记的是一家人，那么该户口簿所登记的家庭就是一户，一户只能申请一处宅基地。但具有以下情形的，可独立作为特殊村民“户”对待：

(1)已婚且已分家单独居住生活的；

(2)未婚但年龄已满20周岁且已单独居住生活的;

(3)依法继承宅基地上房屋所有权的未成年人;

(4)通过司法仲裁依法取得的,可按照司法文件进行登记。

因婚嫁关系居住在外村,但户籍仍在本村的,夫妻双方只能选择在其中一方拥有宅基地,申请确权登记。

依据

《中华人民共和国土地管理法》第62条第1款

60 宅基地使用权受到侵犯可以通过哪些途径解决?

疑惑

宅基地是国家给予农村村民盖房子及其附属设施建筑使用的土地,是农民住有所居的重要保障,但生活中有各种各样的侵害农民宅基地使用权的情形,如果我们遇到了,该如何维权?

解析

宅基地使用权受到侵犯可以先由当事人协商处理。如果协商不成的,可以向人民政府投诉。对处理结果不服的,可以向人民法院起诉。单位之间的争议,由县级以上人民政府处理;个人之间、个人与单位之间的争议,由乡级人民政府或者县级以上人民政府处理。当事人对有关人民政府的处理决定不服的,可以自接到处理决定通知之日起30日内,向人民法院起诉。在土地所有权和使用权争议解决前,任何一方不得改变土地利用现状。

依据

《中华人民共和国土地管理法》第14条

CHAPTER

7

第七章

宅基地使用权纠纷

61 本村村民受让村集体的宅基地使用权受法律保护吗？

疑惑

1991年，甲村村民李某与甲村公所签订协议，约定甲村公所将属其所有的九间村办集体企业红砖、泥砖瓦房以6000元的价格转让给李某。协议签订后，李某即支付了6000元给甲村公所，甲村公所将涉案房屋及土地交由李某管理、使用。1992年，土地管理部门对涉案房屋及土地进行确权登记，明确土地使用者为甲村公所，用地类别为宅基地。此后，涉案房屋及宅基地一直由李某占有、使用，未有人提出异议，李某亦未与甲村公所办理过户手续。后因其中一间房屋年久失修，处于危房状态，李某将其拆除。2011年10月，甲村乙屯部分村民见涉案房屋年久失修，存在安全隐患，在没有经过李某同意的情况下擅自拆除了另外三间泥砖瓦房。同年11月，部分村民在没有经过李某同意的情况下再次将其余五间红砖瓦房推倒，欲平整作为村中公共活动场所，李某为此事多次与村民发生矛盾。那么，法律会保护李某从甲村公所购得的宅基地使用权吗？

解析

农村宅基地使用权是我国特有的一项独立的用益物权，是农村居民在依法取得集体经济组织所有的宅基地上建造房屋及其附属设施，并对宅基地进行占有、使用和有限处分的权利。《土地管理法》第2条规定“土地使用权可以依法转让”，第9条规定“宅基地和自留地、自留山，属于农民集体所有”。农村宅基地属集体所有，村民有使用权，可以依法转让。农村宅基地使用权转让的，如果受让方是本集体经济组织成员，经过集体经济组织同意，应当认定转让行为有效。反之，如果受让方非本集体经济组织成员，则转让农村宅基地使用权的行为无效。

本案中，只要李某与甲村公所签订的协议合法有效，李某获得了涉案房屋的所有权和宅基地使用权，那么他对宅基地享有的使用权就应当受到法律保护。首先，李某是甲村的村民，能够从甲村公所购买宅基地使用权。原《村民委员会组织法（试行）》第1条规定：“涉及全村村民利益的问题，村民委员会必须提请村民会议讨论决定”。村集体宅基地使用权的转让涉及全体村民的利益，应当提请村民会议讨论，但因协议签订时距今时代久远，是否讨论已难以查证。虽然如此，甲村公所将涉案房屋及宅基地转让给李某并交付给李某占有、管理、使用，村里的村民均知情，在转让行为发生后20年间，无人对此提出异议，应当视为该村村民均认可甲村公所的转让行为，故应当认为李某与甲村公所就涉案房屋及宅基地使用权所签订的购买协议合法有效。进而,关于李某是否获得涉案房屋的所有权和宅基地使用权的问题,由于在广大农村,直至近两年土地确权登记制度才开始实施,以前根本没有相关概念,农村房屋及土地未进行确权登记属于常态,李某作为普通村民,对涉案房屋及土地确权情况不知情也属正常,所以涉案房屋及土地没有进行变更登记,李某不存在任何过错。同时,虽然李某没有就涉案房屋及宅基地办理过户手续,进行变更登记,但是由于其已经按约支付全部房价,且自 1991 年一直占有、管理、使用至今,未有人对此提出异议,可以据此认为其对涉案房屋和宅基地享有所有权及使用权。综上,李某合法受让本村宅基地,其宅基地使用权依法受保护。

依据

《中华人民共和国土地管理法》第 2 条第 3 款、第 9 条第 2 款

62 转让农村宅基地使用权的合同必然无效吗?

疑惑

杨某甲与杨某乙为姐妹,曾同为丙村村民。杨某甲户于 1986 年报批获准新建一间二层楼房。1987年,杨某乙户迁往外地,该户所有家庭成员同意将宅基地转让,故与杨某甲订立宅基地产权契约,载明“兹有丙村中屋基壹间,经镇土地规划办公室核准,批给杨某乙所有。现由杨某甲砌建二层楼房壹间,付给杨某乙壹仟肆佰肆拾元,宅基地所属将归杨某甲所有”。之后杨某甲在该地块上建造二层楼房,一直居住至今。上述房屋于1997年8月办理了房屋所有权证,又于2002年10月办理了集体土地使用证,登记权利人均为杨某乙,上述二证均由杨某甲代办和持有。

另外,杨某甲户于1986年获批的地基因未建造而放弃,1989年另行获批一间安置在丁新村的地基。2014年10月,市国土资源局某所出具证明,载明杨某甲户符合享受审批两间宅基地的条件。后来,杨某甲与杨某乙就转让地的宅基地使用权产生权属纠纷。那么,杨某甲能够合法地享有从杨某乙处受让的宅基地使用权吗?

解析

基于农村宅基地的人身依附性和社会保障属性,村民在处分农村房屋时受到一定的限制,但宅基地使用权在符合法律规定的情况下是允许转让的。杨某甲与杨某乙签订宅基地转让协议时,双方同属一个村集体,杨某乙是在户口迁往他处时将宅基地使用权进行了转让。杨某甲户虽享有两间宅基地,但土地行政主管部门经审查认为杨某甲户符合享有两间宅基地的审批条件。同一村集体成员之间就合法审批的宅基地使用权转让事宜达成合意并订立相应协议，并不违反法律、法规的效力性强制性规定，且并未因受让涉案宅基地而侵害集体经济组织其他成员利益，同时也未违反国家相关法律、政策。所以，本案中转让宅基地使用权的合同是合法有效的，杨某甲可以合法地享有从杨某乙处受让来的宅基地使用权。

依据

《中华人民共和国土地管理法》第2条第3款

63 农村宅基地买卖合同无效后赔偿范围和责任比例如何认定？

疑惑

王某甲与李某(2000年亡故)系夫妻关系，育有王某乙。王某乙与孙某系夫妻关系，育有王某丙。1995年，经土地管理局文件批准，王某甲、李某、王某乙、孙某、王某丙取得村中某处宅基地两间。同年，王某乙与非村集体成员杨某订立《房屋基地转让书》，载明：王某乙将一间房屋基地12,000元卖给杨某。杨某在支付王某乙转让费

12,000 元、向政府部门缴纳土地配套费 10,000 元后,在该宅基地上建造了四层楼房并居住至今。

后来,王某乙、孙某和王某丙(以下简称王某乙等三人)向法院起诉,主张与非村集体成员杨某签订的《房屋基地转让书》无效,请求返还宅基地。案件审理中,王某乙等三人申请对涉案宅基地使用权及地上建筑物(四层楼房)房地产市场价值进行评估,法院依法委托公信公司进行评估,该公司作出的估价结果为在价值时点 2015 年 9 月 12 日的公开市场价值如下:(1)房地产(土地使用权及地上建筑物)总价值为 3,000,000 元,折算评估单价 15,000 元/平方米;(2)地上建筑物总价值为 260,000 元;(3)土地使用权总价值 2,740,000 元。王某乙等三人为此垫付评估费 20,000 元。由于房地产当前的市场价值远高于转让价格,所以杨某要求王某乙等三人赔偿地上建筑物损失和土地使用权价值差额;同时,杨某乙等三人也要求杨某赔偿其实际控制宅基地期间,宅基地及房屋所带来的租金等收益。那么,本案的赔偿责任的范围和比例应如何认定呢?

解析

根据《土地管理法》《民法典》的相关规定,宅基地的所有权归农民集体所有,宅基地使用权主体是特定的农村居民,每户只能拥有一处宅基地。农村村民出卖、出租住房后,再申请宅基地的,不予批准。以上规定,反映出宅基地使用权是集体经济组织成员享有的权利,与特定的身份关系相联系,农村村民转让宅基地使用权的不得向本集体经济组织以外的人转让。

本案中,王某乙将其村中的宅基地使用权转让给集体经济组织之外的杨某,违反国家法律规定,双方签订的《房屋基地转让书》自始无效,王某乙等三人主张《房屋基地转让书》无效,不受诉讼时效期间的限制。对于无效合同,因该合同取得的财产,应当予以返还,故应由王某乙等三人返还杨某宅基地转让款 12,000 元和杨某垫付的土地配套费 10,000 元,由杨某返还王某乙等三人涉诉宅基地。杨某在涉诉宅基地上建造房屋并使用 20 年之久,且涉诉宅基地使用权价值大幅提升,杨某要求王某乙等三人赔偿地上建筑物损失和土地使用权价值差额损失合法合理。

对于杨某因合同无效而产生的损失,应当依据双方的过错情况来确定分摊比例。王某乙明知涉案宅基地依法不能转让给本集体经济组织以外的成员仍进行转让,且在转让近 20 年后又要求确认转让合同无效,其行为存在较大过错;杨某明知涉案土地系农村宅基地仍进行购买,亦存在过错,所以本案可酌情确定由王某乙等三人对杨某的损失承担 70% 的赔偿责任,即[(3,000,000 元 - 12,000 元)× 70%]。对于房屋租金等收益的享有问题,虽然在杨某实际控制宅基地期间,王某乙等三人未享受房屋出租的租金等收益,但是由于宅基地使用权有如此大的收益,很大因素是杨某建造房屋并出租形成的,故王某乙等三人要求杨某赔偿占用宅基地期间损失的诉求不合理,不能被支持。

依据

《中华人民共和国民法典》第363条
《中华人民共和国土地管理法》第9条第2款

64 农村宅基地补偿款可以计入遗产吗?

疑惑

张某甲、张某乙、张某丙系兄弟关系,李某为张某乙之妻,王某为张某丙之妻。张某甲成家分户后,其父母在村中兴建了涉案房屋,建房手续及房产证、土地使用权证均登记在张某乙名下,不久后张某乙结婚,因家庭不和睦,经张某丙提议分家。分家后,厨房两间由父母居住,主房三间由张某乙、张某丙共用(一人一间,堂屋共用)。涉案房屋的地籍审批表载明,该户的家庭成员为张某乙、李某、张某丙,张某乙系户主。1999年,张某乙在村中取得另一块宅基地,并于2000年自建住房一套,该住房亦有房屋所有权证及土地使用权证。建房后,张某乙将涉案房屋的房产证及土地使用权证交与张某丙。其父母在涉案房屋居住至先后去世。2016年,因涉案房屋需要拆迁,村委会(甲方)与张某丙(乙方)签订了涉案房屋拆迁安置协议书,约定:甲方补偿乙方房屋拆迁费55,000元、土地补偿费30,000元、装饰、装潢及附属设施补偿费15,000元……合计110,000元,乙方必须在2016年11月24日前搬迁,如房屋发生矛盾纠纷由乙方负责处理解决,与甲方无关。此后,张某甲、张某乙、张某丙就土地补偿费的分割产生纠纷。张某乙主张土地补偿费分摊1/3到房屋拆迁款中,房屋拆迁款及其土地补偿作为父母的遗产,由张某甲、张某乙、张某丙三兄弟均分。张某丙不同意这一主张,遂诉至法院。那么,作为宅基地补偿款的土地补偿费可以作为父母的遗产由子女继承吗?

解析

土地补偿费,即宅基地补偿款是否能作为遗产进行分割,需要依据其性质进行分析。基于内部关系和外部关系两方面的理由,宅基地补偿款不能作为遗产进行分割。首先,从宅基地使用权的外部关系来看,其是一项特殊的用益物权,特殊性表现为取得具有无偿性,如果允许继承,将使继承人无端受益,有违公平理念;具有人身依附性,其与集体经济组织的成员资格密切相关,一经设定即具有极强的人身依附性,决定了其必须因具有集体经济组织成员资格而取得、因集体经济组织成员资格的消灭而消灭,不产生在不同主体之间的流转(继承)问题;其还具有福利性,此性质决定了如果允许继承,将导致宅基地使用权人范围无限扩大。虽然《土地管理法》规定村民一户只能拥有一处宅基地,而张某乙、李某另取得宅基地,但由于不在本案处理范围内，不影响本案的分析。综上分析，涉案宅基地补偿款不能作为遗产进行分割。其次，从宅基地使用权的内部关系来看，属于家庭共同共有，以共同关系的存在为前提，因共同关系的消灭而消灭，在家庭关系存续期间，各共有人之间不产生份额问题，对共有财产的全部享有平等的权利承担平等的义务，不得请求分割共有物。但涉案房屋被拆迁致宅基地消灭，共有关系亦消灭，拆迁人就宅基地的收回而补偿了 30,000 元，该土地补偿费应归张某乙、李某、张某丙三人共有，基于三人的家庭成员的身份关系，三人应各得 1/3，即张某乙、李某共分得 30,000 元的 2/3 即 20,000 元，张某丙分得 1/3 即 10,000 元。

依据

《中华人民共和国民法典》第 303 条

《中华人民共和国土地管理法》第 62 条第 1 款

65 非本村村民取得宅基地上房屋所有权是否当然取得宅基地使用权？

疑惑

黄某甲与陆某乙于 1990 年结婚，婚后分家取得 A 村中某地的宅基地使用权后，在该宅基地上建成三层住宅楼。郭某丙因与黄某甲、丁公司发生买卖合同货款纠纷，向法院提起诉讼。法院经审理后，于2003年判决黄某甲于该判决发生法律效力之日起10日内偿还郭某丙布料款100万元。该判决发生法律效力后，在执行过程中，郭某丙与黄某甲（同时代表丁公司）于2003年11月20日签订了《协议书》一份，约定："1. 乙方以坐落于A村中的厂房连同土地使用权（其中丁公司土地200平方米，黄某甲宅基地150平方米，合计土地面积350平方米，建筑面积1560平方米）作价850,000元抵偿给甲方。"后法院作出民事裁定书，裁定："同意申请执行人郭某丙与被执行人黄某甲、丁公司自愿达成的和解协议，即本案的债务双方当事人确认为100万元，由黄某甲付还郭某丙款项15万元，余款85万元由丁公司以其位于A村该公司的厂房（占地面积为350平方米，其中原黄某甲宅基地占地150平方米，丁公司占地200平方米）作为抵偿。"郭某丙取得上述房产后，办理房产登记并取得房屋所有权证。

2013年，陆某乙及其儿子黄某戊以法院违法执行，侵犯其合法权益为由向上级法院申诉，上级法院作出《执行监督情况通知书》（以下简称《通知书》）答复称："法院根据当事人申请，依据双方达成的执行和解协议，对执行标的总额、和解达成的履行总额及履行方式等予以裁定确认并未违反法律规定。该裁定书所确认的剩余债务总额85万元，由被执行人丁公司以其位于A村的厂房作为抵偿，并不包含土地使用权。因此，你二人可另循途径主张拆迁补偿款。"后陆某乙主张拆迁赔偿未果，遂向法院提起诉讼，请求判令A

村房地产开发公司与陆某乙就上述房产中的面积为150平方米的宅基地的土地使用权订立拆迁安置补偿合同。法院依据上述《通知书》支持陆某乙的诉讼请求,郭某丙以此判决损害了其合法权益为由,也诉至法院。那么,作为非本村村民的郭某丙,能否合法享有A村的宅基地使用权?

解析

宅基地使用权是集体经济组织成员享有的权利,与特定的身份关系相联系,不允许向非本村居民转让。国务院《关于深化改革严格土地管理的决定》规定,"禁止城镇居民在农村购置宅基地",国务院办公厅《关于加强土地转让管理严禁炒卖土地的通知》第2条第2款规定,"农民的住宅不得向城市居民出售,也不得批准城市居民占用农民集体土地建住宅,有关部门不得为违法建造和购买的住宅发放土地使用证和房产证",这些规定都体现了不得向非本村居民,特别是城镇居民转让宅基地使用权的规则。

本案中,因郭某丙是城镇居民,并不是A村村民,所以双方关于宅基地使用权部分的约定无效。郭某丙起诉后,法院一审、二审判决均认定上述《协议书》对双方当事人有约束力,但并没有认定其有效合法,一审判决中认定"对上述房产连同土地使用权郭某丙有权处置",但并没有认定郭某丙为该土地的使用权人。当时房产尚存在,根据"地随房走"原则,郭某丙对土地使用权也有权利处置,但并不意味着认定郭某丙为争议宅基地的使用权人。后来房产已经拆除，房地分离，郭某丙并非 A 村村民，而且至今郭某丙也未取得涉案宅基地的使用权权属证书，故不能认定他是涉案宅基地的使用权人。

依据

《中华人民共和国土地管理法》第 9 条第 2 款

国务院办公厅《关于加强土地转让管理严禁炒卖土地的通知》第 2 条第 2 款

国务院《关于深化改革严格土地管理的决定》

66 子女是否当然享有父母的宅基地使用权？

疑惑

1988 年 7 月 7 日，张三与李四签订《土地转让协议书》，由李四转让其位于甲地对面的 0.9 亩土地给张三。此后上述土地一直由张三管理、使用。后王五因无宅基地可供建房，遂提出从张三处受让。2005 年 12 月 17 日，张三收取王五土地转让款 13,000 元，并向王五出具了收据。后张三的子女张小四、张小五、张小六因建房用地与王五发生矛盾，认为张三在未征得其子女张小四、张小五、张小六同意的情况下擅自与王五进行土地转让交易，严重侵害了其他家庭成员的合法权益。张三子女的主张有法律依据吗？

解析

宅基地使用权是指农村居民在集体所有的土地上建筑房屋以使用居住的权利。宅基地使用权作为土地使用权的一种，它的获得需要具有村集体组织成员资格并履行相应的申请和批准等程序。

在上述案例中，张三从李四处受让的宅基地使用权不是以家庭为单位向村民小组申请所得，而是其与他人通过签订合同受让所得。根据法律规定，该宅基地使用权只能由合同受让人张三享有，其子女并不当然受让该宅基地使用权。因此，张三有权根据自己的意志对宅基地使用权进行处分，他人无权干涉。

此外，根据土地管理相关法律规定，宅基地属于农民集体所有，农民集体所有的土地依法属于村民集体所有的，由村集体经济组织或者村民委员会经营、管理，因此，宅基地所有权也不能作为遗产分割。宅基地使用权是按成员户为单位在农村集体组织内分配，子女对父母的宅基地使用权也无当然继承权，但是其父母的房子可以继承。

依据

《中华人民共和国民法典》第362条、第363条

67 在他人名下的宅基地上建房，房屋所有权归土地使用权人所有还是归房屋建设人所有？

疑惑

张三、张四(均不是乙村的村民)系李四的舅舅。1996年,李四在甲镇乙村二组申请了一块宅基地。同年2月11日,甲镇人民政府给李四颁发了建设规划许可证,建设地点为乙村二队东侧。因该宅基地闲置,张三、张四与李四父母李某和王某商量后,分别于1997年和1999年在该宅基地上出资修建了砖木结构房屋。2012年3月23日,李某、王某与北京房地产开发有限公司签订了房屋拆迁安置补偿合同。张三、张四认为房屋是自己出资修建,应当接受安置补偿。土地使用权人李四认可其宅基地上砖木结构房屋为张三、张四出资修建,但只同意通过评估作价向张三、张四补偿,而房屋建设人张三、张

四不同意对房屋评估作价补偿其出资。

解析

根据《民法典》《土地管理法》的相关规定，农民集体土地应当归村集体经济组织所有，村民只是拥有宅基地使用权。村民获得宅基地使用权需要通过一定的程序向集体组织申请，申请后村民方可在其宅基地范围内建造房屋。

在本案中，争议房屋所处宅基地的使用权是李四于1996年向乙村申请的，甲镇人民政府批准的村镇规划许可证登记人为李四，即李四作为涉案宅基地的使用权人，亦有权在涉案宅基地上建造房屋，未经李四同意，他人没有权利在该宅基地建造房屋。并且张三、张四不是乙村集体经济组织成员，不具备取得涉案宅基地使用权资格，因此他们只是该宅基地上房屋的建设人。故本案中，根据"房随地走"的原则，张三、张四出资在李四的宅基地上建造房屋，涉案房屋应当归宅基地使用权人李四所有，但由此会导致李四不合理获得财产，而张三、张四会受到财产损失，故李四应对受到损失的张三、张四进行相应的补偿。

依据

《中华人民共和国民法典》第362条、第363条

68 对农村房屋享有居住权的，是否有权继续在房屋里居住？

疑惑

张三是甲地丙村人，李四是乙地丁村人，两人在2010年外出打工认识，后李四就跟随张三至甲地丙村共同生活，但未领结婚证。2017年，张三不幸生病，为了让李四以后的生活能够安稳，特设立遗嘱，写明李四能在张三在甲地丙村的自建房一直居住到李四离世。张三去世后，李四办理了居住权登记，张三的儿子张小三认为自己对该房子享有继承权，要求李四搬走。那么，李四是否有权继续在该房屋内居住呢？

解析

居住权是《民法典》增设的一项新的权利，是指依据合同或者遗嘱设立，非住宅所有权人对他人的住宅具有占有、使用以满足生活居住需求的一种物权。其主要是通过分离不动产所有权与使用权的分离，使居住权人享有占有、使用他人房屋的权益。在本案中，张三离世后，其儿子张小三对其房子享有继承权由此获得甲地丙村自建房的所有权。但是根据《民法典》第371条的规定，张三通过立遗嘱的方式为李四设立的居住权，李四享有对张三在甲地丙村自建房的使用、居住的权利。李四向登记机构申请居住权登记后，居住权自登记时设立。设立后，尽管张小三是该房屋的所有权人也不得赶走李四，否则就侵害了李四的居住权，李四可以向法院主张救济。

依据

《中华人民共和国民法典》第367条、第368条、第369条至第371条

69 村民在自家宅基地范围外所建房屋受法律保护吗?

疑惑

张老三与妻子赵六婚生二子即长子张四、次子张三，张三与李四系夫妻关系。1981年，张老三与赵六在A村56号院内建设北房3间，后又增建北房1间。1998年，张老三、赵六、张三、李四在该院内共同建设西房2间。2001年4月，张老三、赵六、张三、李四在该院内又共同建设南房2间及过道1间。56号院的土地使用者登记在赵六名下，赵六去世后变更登记为张老三。在上述宅基地内现有房屋共15间即西房3间、北房5间、南房3间（过道算1间）、北房与南房之间有3间房屋及1小间锅炉房；在宅基地外有3间小房及煤棚1个及相关设施。从南数第一排的3间房屋和煤棚系建在56号院宅基地外的违法建筑，A村村民委员会曾向张三发出通知，要求张三立即拆除在宅基地外所建的南房，但张三未拆除，所建上述9间房屋均未经过有关部门审批。对于宅基地范围外所建房屋及未经相关部门审批、私自在自家宅基地范围内建造的房屋，张三有什么权利？

解析

一、村民在自家宅基地范围外所建房屋不受法律保护。

本案中，坐落在56号院内的北数从南数第一排的3间房屋和煤棚是张三和李四在宅基地范围外私自建造的，原《物权法》第4条（对应《民法典》第207条）规定："国家、集体、私人的物权和其他权利人的物权受法律保护，任何单位和个人不得侵犯。"第7条（对应《民法典》第143条）规定："物权的取得和行使，应当遵守法律，尊重社会公德，不得损害公共利益和他人合法权益"，张三占用自家宅基地范围外的A村集体土地建造房屋，其行为未遵守相关法律法规的规定，侵犯了A村集体利益，故其所建房屋不应受到法律的保护。

二、建房者对未经相关部门审批、私自在自家宅基地范围内建造的房屋只享有使用权。

原《物权法》第7条规定："物权的取得和行使，应当遵守法律，尊重社会公德，不得损害公共利益和他人合法权益。”本案中，坐落在 56 号院内的第一排北房的东数第一间，从北数第二排北房的全部 3 间及其东边的 1 间锅炉房和西房最北的 1 间，系张三和李四在自家的宅基地范围内未经有关部门审批建造的。张三和李四虽在自家宅基地上建房，但未报乡人民政府审核，且未经区、县人民政府批准，故二原告对其建造的房屋不可能取得所有权，也不应受到法律的保护。但基于充分利用资源，并且其是在自己宅基地范围内建造房屋，故具有使用权。

依据

《中华人民共和国民法典》第 143 条、第 207 条

70 已拥有宅基地的农民，可以通过继承享有第二块宅基地吗？

疑惑

张三与李四均系丙村村民，双方原居住于同一院落，该院落位于丙村北侧。1991 年张三北屋因失火坍塌。1996 年，乙镇政府拓宽公路时占用了双方的部分房屋，张三仅有北屋地基未占用。后张三搬离该处，村委会给张三另行批划宅基地。1998 年 3 月，李四借用张三北屋部分地基建临时建筑（小棚），并于 1998 年 3 月 14 日、15 日两次给张三出具借用字据，表明：张三若用，李四随时拆除。现张三起诉要求李四拆除李四占用张三的面积。2010 年 1 月 7 日，丙村村委会出具证明：北屋地基仍然归张三使用，村集体未收回使用权，张三仍享有涉案北屋宅基地的使用权。但李四称张三现居住的宅基地系其母亲在世时申请划拨所得，张三另行申请划拨宅基地后不能再通过继承获得涉案宅基地使用权。

解析

1996 年，乙镇政府因拓宽道路占用了原属张三父母的部分房屋及宅基地面积，剩余房屋及宅基地面积未被占用，应归张三占有、使用。李四分别于 1998 年 3 月 14 日、15 日给张三出具借用字据，借用涉案房屋前墙及部分宅基面积使用，并约定可以随时退出。现张三要求李四归还所借用的房屋前墙及部分宅基面积，李四应予以归还。

虽然李四在诉讼过程中始终坚持“农村一户村民只能有一处宅基地”，即我们常说的“一户一宅”的观点，该观点的法律依据是《土地管理法》第 62 条第 1 款“农村村民一户只能拥有一处宅基地，其宅基地的面积不得超过省、自治区、直辖市规定的标准”的规定。张三通过继承获得了两处宅基地，构成“一户二宅”，是违反了

《土地管理法》的规定，还是农村“一户一宅”的例外，成为本案法律适用方面的争议焦点。

根据司法实践情况，农村“一户一宅”应当允许此类例外的存在，理由：《土地管理法》第62条第1款的规定，从字面上理解一户农民不能拥有两处以上宅基地。其立法本意是限制农村村民拥有宅基地数量，减少占用耕地，保护现有耕地。在我国，村民通过申请获得宅基地是比较常见的一种形式，但在现实中，农民取得两处以上宅基地的方式，除了申请获得之外，还有另外几种情况：第一个是买卖房屋或实现抵押权而取得宅基地；第二个是男女因结婚而共同占有房屋及宅基地使用权；第三个是因继承房屋而取得宅基地。

在本案中，张三就是通过继承房屋而取得了其父母的宅基地使用权。这是因为虽然宅基地的所有权属于集体组织，村民只享有使用权，但是村民可以在其合法使用宅基地范围内建造房屋并合法享有房屋的所有权。因此，房屋作为村民的所有物可以由其后代继承，后代因继承房屋而合理获得其父母的宅基地。因此已拥有宅基地的农民，通过继承享有第二块宅基地的，此行为合法。

依据

《中华人民共和国土地管理法》第9条、第62条第1款

《中华人民共和国民法典》第362条

CHAPTER

8

第八章

涉农村土地侵权纠纷

71 他人在我宅基地上填土及堆放石头怎么办?

疑惑

一块面积为150平方米的宅基地位于甲县A镇规划区一小区内。1995年,该地由甲县A镇总体规划办公室安排给毛某使用,但至今尚未取得土地使用权证。1997年王某与毛某曾就该地的使用权发生争议,2004年4月19日A镇人民政府作出A镇镇府《关于毛某与王某宅基地纠纷的处理决定》确权归原告毛某使用。王某不服,申请复议,2004年8月2日甲县人民政府作出《行政复议决定书》,维持了A镇人民政府的处理决定。A镇人民政府的处理决定已发生法律效力。2021年4月2日,由于谢某在该宅基地上填土和堆放石头、砖头,引发本案纠纷。毛某请求依法判令谢某停止侵害,排除妨害,并自行清理地上附着物,将该地归还毛某使用。那么,法律会保护毛某的宅基地使用权,要求谢某停止填土吗?

解析

宅基地的土地使用权人,享有对该宅基地占有、使用、收益等权利,其合法权益应受法律的保护。土地使用权这一对世权利,义务人是除权利人之外的所有人。因此,他人不得阻碍使用权人对该使用权的行使,不得侵害宅基地使用权人的合法权益。《土地管理法》第16条规定,土地所有权和使用权争议,由当事人协商解决;协商不成的,由人民政府处理。单位之间的争议,由县级以上人民政府处理;个人之间、个人与单位之间的争议,由乡级人民政府或者县级以上人民政府处理。当事人对有关人民政府的处理决定不服的,可以自接到处理决定通知之日起30日内,向人民法院起诉。在土地所有权和使用权争议解决前,任何一方不得改变土地利用现状。

在上述案例中,毛某虽然曾与王某就宅基地的使用权发生过争议,但是根据当地人民政府的处理决定,已确认毛某具有该宅基地的使用权。而谢某在毛某宅基地上填土及堆放石头等行为,阻碍了毛某对其宅基地使用权的行使,损害了毛某的合法权益,其行为构成侵权。因此谢某应当停止侵害,并清理土地上附着物,将该地归还毛某使用,并承担侵权责任。

依据

《中华人民共和国土地管理法》第14条

72 在宅基地范围内有历史上就存在的通往其他住户房屋的通道，新居住人搬迁至此宅基地之后，是否应当出于便利出行的原因，予以保留呢？

疑惑

洪某在1995年从山墙上开了一道门，将这块空地作为自家进出的通道，并用土墙把这块空地围了起来。后来，崔家建盖房子，就在其建盖的房子与这块空地的围墙之间留下一条道路作为自己及另外4家人的出路。因崔家时常在房门堆放杂物，使这条路变得更为狭窄，给自己及他人的通行造成了一定的影响。但是，崔某却认为被告洪某所建围墙妨碍了自己及其他几家的出路而诉至法院，要求给予公正判决。那么，法院会支持保留原有通道吗？

解析

建盖房屋及其他建筑物时不应影响他人，历史形成的必经通道所有权人或者使用权人不得堵塞，因堵塞影响他人生产、生活，他人有权要求排除妨碍或者恢复原状。因自己的权益受到侵害的，被侵权人应及时主张自己的权益。

在上述案例中,崔某认为洪家所建围墙妨碍了自己及其他几家的出路,但因洪家建盖的围墙是在崔家建房之前所修建在1995年就形成的,应属历史形成。而崔某所建盖房屋是在1995年建盖围墙后才建盖的,建盖时应想到地点有限,留足路面以方便自己及其他几家进出。现崔家在自己建盖房屋后,又在门前堆放杂物,使道路更为狭窄,所以崔某应自行清除这些堆放的杂物,以方便自己及他人的生产、生活,而不是要求洪某拆除历史修筑的围墙。据此,法院驳回了崔某的诉讼请求,不得拆除洪某家的围墙。

依据

《中华人民共和国民法典》第266条、第267条

73

双方协商不一致导致耕地的通行受到阻碍,导致双方耕地无法正常使用时,应该如何处理?

疑惑

何某与刘某是同社村民,两家世代相邻多年相种。2018年,何某迁新居后，将自家老房子宅基地改为耕地，由于靠近一条河沟的小土房一直未拆除，导致刘某耕种时通往其耕地的道路受阻。2021 年，刘某将与何某相邻的耕地全部种植了庄稼，由于未留出通行道路，导致何某无法进入其耕地耕作，何某的耕地（原宅基地）荒芜一年。双方由于协商不一致导致耕地的通行受到阻碍，你种我耕的情形变成了你挡我阻的矛盾。双方多次请村委会及乡镇司法所进行调解，终究未能达成一致意见。于是双方诉至法院，要求解决问题。那么，法院如何解决这种双方耕地通行空间受阻的情形呢？

解析

相邻权是指不动产的所有人或使用人在处理相邻关系时所享有的权利。相邻不动产的所有人或使用人在行使自己的所有权或使用权时，应当以不损害其他相邻人的合法权益为原则。在日常生活中，常见的相邻权纠纷有宅基地使用、用水、排水、采光等。《民法典》规定，不动产的相邻权利人应当按照有利生产、方便生活、团结互助、公平合理的原则，正确处理相邻关系。

在上述案例中，何某与刘某都因为各自的行为而导致对方在进入自己的耕地时受到阻碍，从而损害了双方的利益，产生了相邻权纠纷。在这种双方各有过错的情况下，根据有利生产、方便生活、团结互助、公平合理的原则，双方应该各退一步。当地法庭工作人员前往争议现场，绘制了相邻耕地的平面示意图，标示了留出通行道路的合理位置,并实地进行了相关丈量。通过当地法院调解,双方同意各自为对方留出3.5米的道路通行,何某亦同意拆除弃用的小土房,均表示和谐为邻,互让生活。目前,双方均已在耕地上进行正常耕种。由此可见,当双方协商不一致导致耕地的通行受到阻碍,双方耕地无法正常使用时,应当根据有利生产、方便生活、团结互助、公平合理的原则,权衡两方利弊进行调整。

依据

《中华人民共和国民法典》第266条、第288条

74 他人将公共道路围在院墙内该怎么办?

疑惑

2016年3月石某在修建住宅时,将村民一直通行的道路占为己有,围建在自家院内,导致村民无路可走,唐某多次找石某协商未果后,经当地国土资源管理所、派出所和司法所调解,达成口头协议,石某承诺修建的住宅不妨碍居民正常通行,但事后又反悔。于是唐某诉至法院,要求石某拆除围墙、恢复原有道路的通行。

解析

相邻不动产的所有人或使用人在行使自己的所有权或使用权时,应当以不损害其他相邻人的合法权益为原则。行为人在修建院墙时,将直行道路占为己有,围在自家院墙内,使其他村民无法正常通行,侵犯了他人的相邻通行权,应当拆除院墙,恢复公共道路的通行功能。《民法典》规定,不动产的相邻权利人应当按照有利生产、方便生活、团结互助、公平合理的原则,正确处理相邻关系。

农村相邻权纠纷通常都是伴随遗留的土地使用权纠纷发生的,村民之间理应根据方便生产、有利生活的原则,互谅互让、协商处理、和谐相处,不能因一己私利占用公共通行的道路引起诉讼,既输了官司,又伤了和气。

依据

《中华人民共和国民法典》第 120 条,第 179 条第 1 款、第 2 款,第 288 条

75 他人在自己所有的土地上进行建设该怎么办?

疑惑

2020年10月5日,曹某与黄某签订《土地转让协议》,该协议内容:黄某将一处土地作价20,000元转让给曹某。曹某将土地转让款交付给黄某后,与黄某到当地国土资源局办理了土地权属变更手续,并于2021年8月6日取得国有土地使用证。2021年12月,曹某发现吴某在上述土地上建筑房屋地梁,经曹某阻止,吴某仍未停止侵权行为。曹某诉至当地法院,请求法院判令吴某将建筑在曹某土地上的地梁拆除,恢复原状。那么,曹某的诉讼请求能够得到支持吗?

解析

土地使用权人,享有对该土地占有、使用、收益等权利,其合法权益应受法律的保护。土地使用权这一对世权利,义务人是除权利人之外的所有人,因此他人不得阻碍使用权人对该使用权的行使。在土地上建设属于使用权的内容,因此,行为人未经他人同意,擅自在讼争的土地上建造地梁柱礅，已构成侵权，故被侵权人有权要求行为人拆除地梁柱礅，恢复原状。

在上述案例中，曹某依法享有对该国有土地的使用权。而吴某在该土地上建筑房屋地梁等行为，阻碍了曹某对其土地使用权的行使，损害了曹某的合法权益，其行为构成侵权。因此，吴某应当停止侵害，将建筑在曹某土地上的地梁拆除，恢复原状，将该地归还曹某使用，并承担侵权责任。

依据

《中华人民共和国民法典》第 6 条、第 120 条、第 179 条、第 288 条

76 在土地被他人侵占的情况下，没有使用权手续的占有权利人可否请求侵占人返还原物？

疑惑

1962 年，甲所在村集体组织将两块村头荒地划给甲使用，甲在该土地上种植了树木。至今该土地上仍有甲所栽种的树木。几年后,经协商,甲将该两块村头荒地借给乙用于搭建茶棚和羊棚,并约定日后如甲急用时乙需归还。2004年春,甲要求乙归还该两块土地,乙拒不归还。经查明,1984年春,原苗台大队将一块村头荒地规划给乙作为宅基地使用,该村头荒地两端原系甲的村头荒地。乙在该宅基地上实际居住18年之久,现在仍想继续使用宅基地和村头荒地。而甲并没有针对荒地的使用权手续。那么请问,该村头荒地土地应当归谁使用?

解析

为维护社会安宁与和平,禁止他人以私力破坏土地占有的现有秩序,在不动产被侵占的情形下,占有人有权请求侵占人返还原物。不法占有人以占有人未取得该土地的使用证或承包经营证作为其拒绝返还土地的抗辩理由不成立。甲所在村集体组织曾将本案讼争的两块村头荒地划给甲一直使用,至今该土地上仍有甲所栽种的树木。虽然相关部门未就该土地给甲办理使用权手续,但甲对该土地的占有状态属实,甲属于民法物权占有理论中的不动产占有人。根据民法物权占有理论,为维护社会安宁与和平,禁止他人以私力破坏物的占有的现有秩序,在不动产被侵占的情形下,占有人有权请求侵占人返还原物。本案甲占有使用涉案讼争土地在先,乙从甲处借用该土地在后,在甲要求乙归还所借土地的情况下,乙理应将该土地返还占有人甲,乙拒绝返还构成侵占行为。在双方所在村委会也未重新将该土地规划的情况下,为维护现有秩序,应维持甲对涉案土地的占有状态,乙以占有人甲未取得该土地的使用证或承包经营证作为其拒绝返还该土地的抗辩理由不成立。

依据

《中华人民共和国民法典》第 235 条

77 土地承包经营权的互换是否以备案为生效的必要条件?

疑惑

房某、杨某、车某系同村村民。1998 年秋,房某与杨某达成土地互换口头协议,房某将其承包的一块 6.65 亩的土地与杨某承包的三块面积分别为 2.43 亩、0.44 亩、1.96 亩(合计 4.83 亩)的土地进行互换耕种。双方互换后,房某将换得的土地转租给他人用于羊场经营、转包给其女儿耕种。1998 年 10 月 31 日,杨某与新五村村委会签订鱼塘承包合同,新五村村委会将包括杨某所换房某 6.65 亩土地在内的 11.02 亩土地一并发包给杨某养殖。杨某养殖一段时间后,于 2008 年 12 月将案涉土地转包给王某养殖,后又将案涉土地转包给车某养殖螃蟹。2018 年,房某、杨某按照互换前的土地分别领取了农村土地承包经营权证。请问没有经过村委会的备案和登记是否影响土地承包经营权互换的效力?

解析

通过家庭承包取得的土地承包经营权可以依法采取转包、出租、互换、转让或者其他方式流转。按照农村风俗习惯,农民之间多以口头形式进行土地互换。房某与杨某之间的土地互换是双方的真实意思表示且各自在互换后的土地上经营管理多年,双方虽然未签署书面协议,但其口头换地协议亦合法有效。《农村土地承包法》第 23 条规定,承包合同自成立之日起生效。承包方自承包合同生效时取得承包经营权。最高人民法院《关于审理涉及农村土地承包纠纷案件适用法律问题的解释》第 14 条规定,承包方依法采取出租、互换、转让或者其他方式流转土地承包经营权,发包方仅以该土地承包权流转未报备案为由,请求确认合同无效的,不予支持。由此,本案中的土地互换虽然没有经过村委会的备案和变更登记,但是不影响土地互换的效力。且新五村村委会将包括杨某所换房某 6.65 亩土地在内的 11.02 亩土地一并发包给杨某养殖,视为村委会已同意双方的土地互换行为。

依据

《中华人民共和国农村土地承包法》第 23 条

最高人民法院《关于审理涉及农村土地承包纠纷案件适用法律问题的解释》第14条

78 农村土地承包合同侵犯原土地承包经营权人优先承包权的该如何处理？

疑惑

2004年3月5日，孙1与小孙家村委会签订《土地承包合同书》，约定：孙1承包土地共计3亩，承包期为10年，自2004年3月15日至2014年3月15日，承包费每亩每年200元，一次性交清10年承包费共计6000元；合同签订后双方均不得违约，不得随意终止合同。签订合同后，孙1与小孙家村委会均履行了合同义务。2013年11月30日，小孙家村委会向各户下发了有关土地承包的通知，通知内容：各农户，我村各片承包地于2014年3月5日到期，为了继续延包，也为了解决多年以来与各农户的经济来往，按照在街道与各片签订的协议，承包地按每人所分的土地交承包费，年限降低到15年，价格提高到每亩每年600元，一次性交清承包费，彻底解决多年以来与户下的经济来往，只准由本户在交承包费时扣除，不准顶扣别的户，请承包者于12月3日至7日到村委会交承包费，凭村委会开具的收据参加抓阄分地，不按时交承包费的等于自动放弃由村委会另行发包；二队每人应分0.2亩，交款1800元。孙2及小孙家村委会均认可该通知下发到第二生产小组每户。在未召开村民代表会议或公开招标的情况下，孙2与小孙家村委会于2013年12月25日签订了《土地承包合同书》，约定：孙2承包小孙家村第二生产小组土地，包含孙1之前承包的3亩土地；承包费每年每亩300元，签订合同的同时孙2将承包费一次性交清。之后，孙1以孙2与小孙家村委会签订的合同侵犯其优先承包权为由，诉至法院，要求确认孙2与小孙家村委会签订的土地承包合同无效。

解析

随着城镇化对土地资源需求的扩大，以及农村社会经济结构及利益格局的变化，农村土地承包纠纷呈多发趋势并出现一些新情况和新特点。农村土地承包案件数量较多，且多数案件至少涉及争议土地前后"承包人"和村委会三个以上利益主体，一些个案从表象上看仅是村民或农户与村委会之间的纠纷，但其实是群体性纠纷的代表，背后往往还直接和间接地涉及其他众多农户的利益。人民法院在审理该类案件时，应当尊重和保障农户生产经营主体地位、坚持不损害农民权益的原则，对农户的承包经营权实施严格的司法保护，稳定农村土地承包关系。对于违法收回、调整承包地等各种侵害承包经营权的行为，依法责令发包人承担相应法律责任，维护农民的土地承包权益。

本案中,孙1在2004年即已通过与小孙家村委会签订《土地承包合同书》的形式,承包了涉案土地,取得土地承包经营权。根据最高人民法院《关于审理涉及农村土地承包纠纷案件适用法律问题的解释》第18条的规定,本集体经济组织成员在承包费、承包期限等主要内容相同的条件下主张优先承包的,应予支持。但在发包方将农村土地发包给本集体经济组织以外的组织或者个人,已经法律规定的民主议定程序通过,并由乡(镇)人民政府批准后主张优先承包的,不予支持。优先承包权是特定承包者的一种优先承包利益,依照法律规定,承包土地合同期满又重新发包时同等条件下原承包方具有优先权,孙1作为原土地承包经营权人,对其原承包的土地享有同等条件下的承包优先权,而小孙家村委会并未将孙2承包土地的条件告知孙1,在这种情况下小孙家村委会与孙2签订了承包合同,显然侵犯了孙1的优先权,该合同有关内容因此而无效。若日后小孙家村委会经民主决议对该部分土地进行发包,应当及时通知孙1,孙1在同等条件下享有优先承包权。

依据

最高人民法院《关于审理涉及农村土地承包纠纷案件适用法律问题的解释》第18条

79 村委会“一地二包”情形下农户权益如何保护？

疑惑

1994年9月30日，甲与某某村委会签订农业承包合同，约定，甲承包该村北沟0.8亩土地，期限30年，自1994年9月24日至2024年9月24日。1998年9月28日，某人民政府制发土地承包经营权证书，确认了上述0.8亩土地的承包经营权。2001年4月，甲同意乙在其承包的北沟土地兴建养殖场。2001年11月28日，某某村委会与乙签订协议书，约定，为增加农民收入，村委会同意乙在涉案土地建养殖场。乙以甲与村委会签订的土地承包合同为据，每年向村委会缴纳承包粮50公斤玉米，甲土地承包合同期满后由乙使用。2010年4月20日，乙与张某某签订转让协议，将养殖场以138,000元转让给张某某。那么，甲有权以乙转租未经其同意为由，要求解除与乙的合同并收回土地吗？

解析

我国实行农村土地承包至今已经有30多年，国家为了鼓励和引导农村充分利用土地,在农村土地承包问题的立法和政策制定上提供了诸多便利,既允许农村集体以多种便捷渠道发包本集体经济组织农村土地,也允许本集体经济组织成员及非本集体经济组织成员承包本集体经济组织农村土地。由于国家在立法上对农村土地承包方式没有做过多的限制,“一地数包”现象频繁发生,在此情况之下发生的土地流转纠纷案件与日俱增。

“一地数包”,主要指的是发包方就同一土地签订两个以上承包合同,承包方均主张取得土地承包经营权的情形。针对“一地数包”问题,最高人民法院《关于审理涉及农村土地承包纠纷案件适用法律问题的解释》第 19 条规定:“发包方就同一土地签订两个以上承包合同,承包方均主张取得土地承包经营权的,按照下列情形,分别处理:(一)已经依法登记的承包方,取得土地承包经营权;(二)均未依法登记的,生效在先合同的承包方取得土地承包经营权;(三)依前两项规定无法确定的,已经根据承包合同合法占有使用承包地的人取得土地承包经营权,但争议发生后一方强行先占承包地的行为和事实,不得作为确定土地承包经营权的依据。”可见,法律对“一地两包”引发的争议案,确定了三项处理原则、合同登记原则、合同生效在先原则、合法先占原则。该三项原则的适用有先后顺序,要依次适用。首先,从物权公示、公信原则出发,优先考虑物权登记的法律效力,保护已登记的土地承包经营权。其次,在未办理登记时,应考虑合同生效的时间顺序,生效在先合同的承包方取得土地承包经营权。根据《农村土地承包法》第 23 条的规定,采取家庭承包的方式承包农村土地,承包方自承包合同生效时即取得土地承包经营权,即土地承包经营权作为一种物权,其变动仅需合同双方达成合意即生效,而不需要另行办理物权登记。最后,将先占作为兜底性规定,即在承包合同既未依法登记也无法判断承包合同何者生效在先的情况下,率先善意占有承包土地的承包方优先取得土地承包经营权。此项规定的意义在于,从承包方善意先占土地即可表明承包方有积极行使合同权利,全面履行合同义务的诚意,依此促成该承包合同符合《民法典》鼓励交易的基本原则。

本案中,甲同意乙在其承包的土地兴建养殖场,某某村委会与甲、乙分别签订了两份合法有效的土地承包合同,但并未变更甲的土地承包经营权证,争议土地的承包经营权的产权仍然属于甲,乙仅享有土地承包经营权的使用权,获取承包土地的收益,如果其未经甲同意将土地承包经营权转让给他人,甲有权要求返还土地,恢复原状。

依据

最高人民法院《关于审理涉及农村土地承包纠纷案件适用法律问题的解释》第19条

《中华人民共和国农村土地承包法》第23条

80 农村合并后还可以承继原有的土地承包经营权吗?

疑惑

随着黄河主流西移,某地段的黄河东岸出现大片滩涂地,名为三角滩地。从1989年至1991年,A村在三角滩地上开垦荒地近500亩。1991年,当地市政府对A村开垦的三角滩地确定了使用权,A村优先承包该地一直耕种并每年向所在的张营乡政府交承包费。1997年,A村与邻村B村合并为C村。1997年4月,张营乡政府以两村合并为由,将三角滩地收回,另行发包给他人。C村村民不服,遂起诉张营乡政府要求继续承包三角滩地。

解析

本案我们关注的问题,是作为承包方的单位解散后,其权利义务的承受者能否在承包期内继续承包的问题。最高人民法院《关于审理涉及农村土地承包纠纷案件适用法律问题的解释》第23条第2款规定:“其他方式承包中,承包方的继承人或者权利义务承受者请求在承包期内继续承包的,应予支持。”

具体到本案中,A村与第三人张营乡政府签订了土地承包合同,该合同不违反法律规定,应当认定为有效合同。A村与B村合并为C村后,该合同的权利义务应当由C村承担。张营乡政府收回该争议地发包给他人,侵害了C村的合法权利,根据土地承包经营权物权化的原则,C村可以要求返还承包地。

依据

最高人民法院《关于审理涉及农村土地承包纠纷案件适用法律问题的解释》第23条

CHAPTER

9

第九章

涉农村房屋分割纠纷

81 分家析产时宅基地上房屋所有权归属的参考依据是什么？

疑惑

温父与其妻陈某共收养了三个子女温一、温二、温三，温二于1972年死亡，温二之妻林某于1973年与案外人再婚。温父于1995年12月15日申请农村房屋建设用地一块，土地管理局颁发一份建设用地许可证，该证载明土地使用者为温父，人口6人，用地红线图为120平方米。申请时户主为温父，该户名下的常住人口为妻子陈某、温一一家四口。2000年房屋建成，房屋实际建筑三层，总建筑面积360平方米，一层120平方米，二层120平方米，三层120平方米，其中本宗地批建二层，违法超建120平方米未处理，总建筑面积为240平方米。温父于2001年因病死亡、其妻陈某于2002年因病死亡，二人死亡时其各自的父母均已死亡，温父及妻子死亡后其法定继承人未进行分家析产。请问，宅基地上房屋所有权为谁所有或共有，依据是什么？

解析

不同于城市商品房依照产权证上的登记将登记人认定为产权

人,依据“房地不可分离”的法律原则,房屋所有权与房屋占用范围内的宅基地使用权利主体一致,宅基地使用权为户内家庭成员共同共有,其上房屋所有权则为户内家庭成员共同共有。申请宅基地时户内人口的多少与可获批的宅基地面积成正比,申请宅基地时户内每位家庭成员对获批的宅基地都占有相应份额,宅基地使用权属户内家庭成员共同共有。所以认定宅基地房屋所有权应当从具体情况出发,查明宅基地申请时家庭成员情况及其上房屋落成时家庭成员情况,照此还原农村村宅实际产权人。

温父及妻子死亡时的合法财产属于可继承财产。温父申请的建设用地属于户内6人共有,该房产由户内6人共同建造、居住、生活,应属于温一等4人与温父及妻子6人共有,其中属于被继承人温父和妻子的共有部分系遗产。由于所确认合法的房屋面积为240平方米,温父及妻子死亡时的可继承房产所有权合计为80平方米。温二先于二被继承人温父、妻子死亡,温二女儿取得代位继承权,故温父、妻子死亡时的讼争房产80平方米应由温一、温三和温二女儿共同继承。

依据

《中华人民共和国民法典》第1122条、第1127条第1款、第1128条

82 城镇居民能否继承取得农村房屋所有权?

疑惑

唐父、唐母夫妻共有子女二人,即唐一、唐二。1957年,唐一与周某结婚,生育周甲与周乙,周甲与周乙户口随母亲唐一为农业户口。1984年,周某从工厂退休,将户口迁入唐一户,同日,周甲由于顶替周某工作,将户口从唐一户迁出,为城市非农业户口。1982年2月,周某为翻新旧宅申请宅基地使用权,一个月后获得批准。同年9月,周乙迁出唐一户。房屋建成后,周某分别于1990年10月10日、1998年12月29日取得宅基地使用权证、村镇房屋所有权证,且两证均登记在唐一名下。唐父于2001年死亡,2008年唐一因病死亡,2010年唐母死亡,唐母父母均已过世。

周甲主张自己是该房屋的实际出资人。建房时,周乙已经结婚,只是由于客观原因无法将其户口及女儿的户口由唐一户迁出,所以长期留在唐一户,对于房屋是唐一和周某的夫妻共同财产,周乙没有异议。唐二表示愿意将属其所有的遗产份额让与周甲。请问,周甲作为城镇居民能否继承取得农村房屋所有权?

解析

认定宅基地房屋所有权需查明宅基地申请时家庭成员情况及其上房屋落成时家庭成员情况,宅基地使用权申请时,周某已迁入唐一户取得唐一户的家庭成员资格,周甲已迁出唐一户为非农业户,周乙仅仅是暂未迁出唐一户,所以周某与唐一均为唐一户宅基地使用权人,而周甲和周乙均不具有宅基地使用权。依据“房地不可分离”的法律原则,房屋所有权与房屋占用范围内的宅基地使用权利主体一致,系争房屋是由周某、唐一共同生活期间取得宅基地使用权并投资建造,属于周某、唐一的夫妻共同财产。本案中,周甲主张出资建造房屋,若该出资不是赠与,则周甲可以要求债务人还款。换言之,城镇居民不能基于建造行为取得农村房屋所有权。

但是,在宅基地房屋所有权人死亡后,宅基地上房屋属于私人财产,法律法规并未禁止其进入公民遗产的范围,所以宅基地上房屋独立于宅基地可以作为遗产,继承人的身份不受是否为农业户的限制。因升学、就业、入伍等原因,大量农民转为城镇居民,为了避免大量农村房屋处于无人继承又无人受遗赠状态,城镇居民可以继承取得宅基地上房屋所有权,这也调动了农民创造财富的积极性,有利于资源合理化配置,符合我国人口流动性较大的国情。因此,周甲作为城镇居民仍可通过继承的方式取得涉案农村房屋的部分所有权。

依据

《中华人民共和国民法典》第362条、第1123条、第1127条第1款、第1153条

83 农村分家单上写明房屋归子女所有，子女有权自由处分吗？

疑惑

代某一家是A村村民，2019年，代某父母交与代某一份分家单，将代某父母所拥有的位于A村的房屋分给了代某。2021年，A村村民丁某以32,000元购买代某的房产，之后，代某将户口迁出A村。2022年，代某父母认为代某出售该房屋为无权处分，其二人为房屋的实际所有人，向人民法院起诉，要求丁某返还房屋。请问，农村分家单上写明房屋归代某所有，代某能否处分本案房屋呢？

解析

赠与是指赠与人将自己的财产无偿给予受赠人，受赠人表示接受赠与的民事法律行为。农村家庭分家单上列明某处房屋归子女所有的,应当认定为父母对于子女的赠与行为,房屋的所有权归子女所有。不能以父母仅仅将房屋的使用权交给子女为由,而认为子女并未取得房屋所有权,不能以此认为子女将房屋卖给其他人的行为是无权处分。根据"房地一致"原则,宅基地使用权和房屋所有权应为同一人所有,也就是说,房屋属于谁,宅基地使用权也就归谁。所以,代某有权处分本案房屋。

依据

《中华人民共和国民法典》第657条

84 各家庭成员约定共有房屋归一人所有的,是否应按约定履行,一方能否以撤销赠与为由主张分割?

疑惑

王某是甲村30号房屋的集体土地使用权人,院内原有北房3间。王某与白某养育子女三人,分别为王大、王二、王三。1982年白某去世，2007 年王某去世。王二、王三共同出资翻新老宅，2010 年 2 月 21 日，王大与王二、王三签订《家庭析产协议书》，约定将甲村 30 号院所有房屋全部归王三所有，并在协议中约定永不反悔。请问，在签订《家庭析产协议书》之后，王大能否请求撤销赠与，要求分割遗产？

解析

父母双方的多名成年子女在父母去世后，就各方共同出资修建的原为父母所有的房屋的分割事宜签订协议。首先应当区分分家析产协议和赠与协议。所谓分家析产协议，意思是家庭成员对分割家庭的共有财产形成一致意见，家庭共有的财产从各家庭成员共同共有的状态经过处分变为多方或某个家庭成员所有。分家析产的当事人身份是家庭成员，且处分标的物是共同财产。而赠与合同的意思是赠与人将自己的财产无偿给予受赠人，受赠人表示接受赠与的合同。所以赠与合同的当事人为赠与人与受赠人双方，处分的标的物为赠与人单方所有的财产，且不需要受赠人给予对方利益。因此，本案实为分家析产合同，而非赠与合同。本案合同形式上没有瑕疵，各位家庭成员有效的签字代表分家析产是各方的真实意思表示，且没有违反法律、法规强制性规定的情形时，此合同是合法有效的合同，各方家庭成员应当根据分家析产合同内容分割各方共有财产，因此王大不能以撤销赠与为由，要求分割遗产。

依据

《中华人民共和国民法典》第133条、第134条第1款、第657条

85 外嫁女对父母的农村房屋还有继承权吗?

疑惑

王禹是A村30号房屋的宅基地使用权人,1967年王禹和郑月结婚,先后生育三个子女,分别为王涵、王茹、王阳。1991年,王涵与李天结婚,将户口迁出王禹户,为非农业户。1999年,王茹离婚后,将自己与女儿的户口迁回王禹户,一年后王茹女儿又迁回至前夫户下。2006年,王禹因病去世,2014年,郑月去世。郑月过世后,产生房屋财产继承纠纷。其中,王涵已外嫁,王茹离婚后户籍仍在王禹户,王阳是王禹与郑月的独子,那么外嫁女王涵是否对父母的农村房屋还有继承权?

解析

2019年中央一号文件《关于坚持农业农村优先发展做好“三农”工作的若干意见》中提出，注重保护外嫁女等特殊人群的合法权利。

外嫁之后不属于本集体经济组织成员，或者外嫁并取得一处合法的宅基地，不再享有其父母宅基地的使用权。宅基地所有权属于集体所有，不属于遗产范围。在宅基地房屋所有权人死亡后，宅基地上房屋属于私人财产，法律法规并未禁止其进入公民遗产的范围，所以宅基地上房屋独立于宅基地可以作为遗产，继承人的身份不受到是否为农业户的限制。

依据“房地不可分离”的法律原则，房屋所有权与房屋占用范围内的宅基地使用权利主体一致，宅基地使用权为户内家庭成员共同共有，其上的房屋所有权则为户内家庭成员共同共有。根据宅基地申请时家庭成员情况及其上房屋落成时家庭成员情况，确定本案中该房屋为王禹、郑月和王茹、王阳共同所有。根据继承权男女平等，对于王禹、郑月享有房屋的1/2的所有权，其三子女继承均等份额，最终外嫁女王涵继承宅基地所建房屋份额的1/6。

依据

《中华人民共和国民法典》第1126条、第1127条第1款

86 丧偶儿媳对公婆、丧偶女婿对岳父母尽了主要赡养义务的，能否作为第一顺序继承人？

疑惑

被继承人甲1于2021年3月6日去世，生前没有立遗嘱，其父母均先于其去世。乙与甲1于1960年3月10日结婚，生育了儿子甲2与女儿甲3。1996年3月21日，A镇人民政府给甲1颁发了农村宅基地使用证，该宅基地使用证记载：使用人甲1，甲1在此地上建造了一栋房屋。甲2与丙于2000年8月16日结婚，甲2于2002年4月26日死亡，彼时丙已怀孕，甲1和乙为了使丙安心生下遗腹子，亲口承诺遗腹子的未来生活和成家立室都会由他们提供保障，并表示愿意将丙视为女儿看待。2002年12月23日丙生下甲4，甲1表示将房屋的出租事宜交由丙打理。2008年，丙受甲1的委托将上盖房屋进行改造装修，此后房屋的钥匙也由丙看管。2021年3月6日，甲1去世，未留遗嘱。在处理后事时，丙主张房屋也有自己的一部分，但甲1的妻子乙却认为不应该将房子分给丙。那么丙能否作为甲1的第一顺序继承人来继承该房屋呢？

解析

本案中,被继承人甲1于2021年3月6日去世,继承开始;由于甲1没有留下遗嘱,故应按照法定继承处理其遗产。根据《民法典》第1129条之规定:“丧偶儿媳对公婆,丧偶女婿对岳父母,尽了主要赡养义务的,作为第一顺序继承人”。本案中,首先,丙的丈夫于2002年4月26日死亡,而甲4于2002年12月23日出生,即甲4是甲2的遗腹子。丙在丈夫甲2死后诞下遗腹子甲4,给予祖父母甲1、乙极大的精神慰藉,缓减其丧子之痛;甲1与乙在丙怀孕期间也多次承诺会给母子二人的生活提供保障。其次,甲1委托丙负责该房屋的改建工程,完工后也由丙负责房屋的出租、管理等事项,可见甲1将部分家庭事务交托给丙处理。综上所述,丙作为丧偶儿媳留在被继承人身边,从家庭劳务和精神上给了被继承人主要支持,符合我国重视家族血脉传承的习惯与传统,因而可以认定丙对被继承人甲1尽了主要赡养义务,丙应作为甲1的第一顺序法定继承人,与甲1的妻子乙、女儿甲3、孙子甲4(因儿子甲2先于甲1去世,故由孙子甲4代为继承)的继承地位相同。

依据

《中华人民共和国民法典》第1121条第1款,第1122条,第1123条,第1124条第1款,第1127条第1款、第2款,第1128条,第1129条

87 在家庭共有关系存续期间，共同出资、出力建造的房屋应当归谁所有？

疑惑

甲1于1964年在B村盖有平房2间，其妻1972年工亡，1974年12月甲1进入美丰公司工作并将户口迁入其工作单位。1980年甲1加盖平房和厨房各1间。1981年1月，乙与甲1长女甲2(甲1共有三女)登记结婚并同在村办企业工作，同年3月乙将户口迁入B村住宅处成为甲1家庭成员，与甲1家人共同生活，当时家庭成员中只有甲1及乙夫妇有收入来源。1984年3月甲1将原有平房翻建成二层楼房上下6间及厨房2间，乙夫妇购买了部分建材。1987年甲1搬入单位公房居住，该房屋便由乙一家三口居住。1992年，甲1将户口迁回B村，同年9月乙以自己的名字申请房屋产权登记，1993年3月乙领取房屋所有证。2003年乙自己出钱加盖平房3间，至此房屋共有楼上、楼下房屋10间。2021年，该房屋被纳入征地拆迁项目中，乙取走了所有拆迁补偿款；但甲1主张自己也拥有该房屋，有权取得相应的拆迁补偿款。甲1是否拥有房屋的所有权，能否取得拆迁补偿款？

解析

家庭共有财产，是共同共有的一种形式，是指家庭成员在共同生活期间共同的劳动收入、共同购置和积累起来的财产。只有对家庭共有财产的形成作出过贡献的家庭成员才能拥有家庭财产，其余家庭成员并不享有权利。任何家庭成员都不得随意处分属于家庭所有的共有财产，只有在共有关系结束时才能对共有财产进行分割。

本案甲1与乙系翁婿关系，乙与甲1长女结婚后招婿入赘成为甲1家庭成员，当时甲1在美丰公司工作，乙夫妇在村办企业上班，家庭收入主要来源于甲1及乙夫妇三人。甲1于1984年将3间平房翻盖成二层楼房时，甲1与乙夫妇有能力而且也必须共同出资、出力盖房，此时的房屋应当属于甲1与乙夫妇共同所有；由于甲1的另外两个女儿并不与他们共同生活，也没有出钱、出力盖二层楼房，因此甲1的另外两个女儿并不享有该楼房的所有权。然而，自1987年甲1搬入单位公房居住后，甲1不再与乙夫妇共同生活，家庭共有关系随之消灭，之后乙夫妇加盖的3间房屋，应当属于乙夫妇所有，甲1不能再主张共有。因此，甲1只有权要求分割自己参与建筑的那部分房屋的拆迁补偿款。

依据

《中华人民共和国民法典》第297条、第299条、第303条、第308条

88 家庭成员之间就分配家庭承包土地补偿款签订的分家协议应当严格遵守

疑惑

甲1是甲2的父亲,2021年12月前双方在一起共同生活。甲1、甲2共同承包的3亩土地,于2021年3月因修建水电站被征用,甲1领取了全部土地补偿款20万元。

后因双方发生矛盾无法在一起生活,2021年12月12日,双方在村社干部和亲属参与下,达成分家协议,约定甲1分给女儿甲2部分土地补偿款,计现金3万元,甲2另外不分任何家产。但在实际履行该分家协议时,甲1却反悔了,认为得到的补偿款与甲2无任何关系,且甲1之前已欠债3万元用于维持家庭正常生活,加之日后搬迁需要大量支出,因此甲1认为分家协议不合理,没有考虑到甲1今后的生活,不愿继续履行。甲2是否有权向甲1主张上述土地补偿款?

解析

本案中,甲1与甲2之间是父女关系,双方共同生活劳动,被征用的3亩土地属于家庭共同承包，是甲1和甲2共同承包耕种的土地；并且该分家协议是在双方协商后自愿签订的，也不违反法规和社会公共利益，因此有效，甲1与甲2都应遵守协议。然而，土地补偿款却全部由父亲甲1占有，甲1违反了协议，甲1应继续履行协议，将甲2应得的3万元补偿款还给甲2。因此，家庭成员之间就分配家庭承包土地补偿款签订的分家协议，对双方均具有相应的约束力，双方都应该遵守。

依据

《中华人民共和国民法典》第136条、第186条

89 被拆迁房屋的拆迁收益应当由房屋所有权人共同享有、自由处分

疑惑

甲老太和乙大爷于20世纪80年代结婚，生有一儿一女。2000年，两夫妇用辛苦攒的钱盖了8间平房，并与儿女一直居住在内。后来，乙大爷生病卧床多年，甲老太一直悉心照顾，为报答妻子，2019

年病入膏肓的乙大爷写下遗嘱，将该房屋中属于自己的份额全部给妻子。2020年年初，乙大爷重病离世，甲老太与儿女仍一同住在老宅里。2021年8月4日，该老房屋被纳入城市规划拆迁范围，日后会发放一定补偿款。甲老太的儿女考虑到房屋系父母所建以及父亲的遗嘱，决定放弃房屋的份额，于是请求法院确认该老房屋的所有拆迁权益归甲老太一人所有。

解析

宅基地上建造的房屋依法属于家庭共同财产。本案中，被拆迁老房屋系甲老太、乙大爷和儿子、女儿的共同财产，乙大爷虽以遗嘱方式将其份额给妻子，但其儿女的共有份额依然存在。根据我国房屋拆迁的相关规定，被拆迁房屋的所有权人依法享有拆迁后所得房屋的所有权益，甲老太本应与儿女共同享有拆迁所得的所有权益，但儿女自动放弃并请求法院确认所有权人，因此甲老太可以获得拆迁所得房屋的所有权益。

依据

《中华人民共和国民法典》第299条、第304条第1款、第308条

90 家庭共同共有关系终止时，若不能达成分割协议，该如何对共有财产进行分割？

疑惑

甲1(男)与乙(女)于1992年结婚,并建造了2层楼房3间,甲1夫妇生有儿子甲2和女儿甲3;甲2已成家,于2015年娶被告丙为妻,并生有女儿甲4;甲3于2018年参加工作;6人共同生活在该楼房里。2017年12月30日,甲2以户主的身份在上述老屋拆除后的地基上申请建造一幢新楼房,当时在册人口有甲1、乙、甲2、甲3、丙及甲4。2020年5月开始,甲2将原老屋拆除,将拆除的部分材料用于建造新房,至同年年底建成,共计3间,每间4层。关于该房屋的建成,丙和甲2共同出资了24万元(其中近6万元系向他人所借,至今尚欠建房工资及材料款3万元),甲1、乙共同出资8万元,甲3出资2000元。2021年1月28日,甲2因车祸身亡。甲2去世后,丙与甲1、乙、甲3因居住问题多次发生争吵,经村委会多次调解未成,丙遂请求法院分割该房屋。

解析

分家析产的前提是存在家庭财产的共有。家庭共同共有关系终止时,对共有财产的分割,应由家庭成员协商确定各自应得的份额。不能达成协议的,一般应按等分原则处理,并考虑共有人对共有财产的贡献,适当照顾共有人生产、生活实际需要等因素。

家庭财产是否存在共有关系,取决于两个条件:

一是有无共同的生产经营活动。家庭共有财产的范围只应包括家庭共同经营的各项财产,以及共同经营收入中用于扩大家庭生产经营规模的财产,用于家庭集体消费的财产和作为家庭共同积累和储蓄的财产。除这些财产外,其他财产不构成家庭共同财产。

二是家庭自身的结构。由一对夫妻和未成年子女组成的家庭,即使夫妻共同从事生产经营活动,只有夫妻共有,没有家庭共有;只有在三世或三世以上同堂的共有家庭中,或夫妻与成年子女生活一起,并且家庭成员从事共同生产经营,才出现家庭共同财产。

本案中,该楼房是以甲1、甲2、甲3、乙、丙的名义,在甲1、乙原来的老屋拆除后的地基上建造,并将拆除的部分材料用于建造新房,甲1、乙、甲3在建房中又出资了部分资金,丙和甲2出资了大部分资金。故该楼房系甲1、乙、甲3、丙、甲2共同所有。因丙与甲2多出资,故应多分,所以法院判决甲1、乙、甲3得东首间(一至四楼),丙得西首间(一至四楼),中堂间(一至四楼)归甲2所有,楼梯共同所有,甲2应得部分在遗产分割前由丙负责保管;同时因建房而欠的工资及材料款3万元由房屋份额多分者承担,即应由丙承担。

依据

《中华人民共和国民法典》第299条、第304条第1款

CHAPTER

10

第十章

其他涉农地纠纷

91 家庭内部承包地分割经营协议的法律效力应当如何认定?

疑惑

张三、张四系亲兄弟关系。土地承包时,以张父为承包户户主,该户承包人口为4人,即张父、张母、张三、张四。后张父、张母去世,张三、张四签订分家协议,二人均另立户头。兄弟二人对以张父为户主的土地实行分割经营,未就各自经营的土地与生产队重新签订承包合同,亦未就各自经营的土地范围向相关的土地管理部门备案登记,至今仍全部属于张父户的土地。因修建公路通过张三户经营管护的土地,生产队将补偿款支付给张三户。张四认为承包合同未变更,共同享有涉案被征地的土地承包经营权,诉至法院,请求与张三共同分配该被征地的土地补偿款。

解析

本案焦点:(1)农户家庭内部成员对家庭承包地的分割经营协议是否具有法律效力;(2)谁对争议被征地享有承包经营权;(3)争议被征地的补偿款应归谁所有或共有。被征地原为家庭联产承包制度推行时以张父为户主,随着张三、张四各自独立成家分户,兄弟二人达成协议,对家庭承包地进行了分割,两户人家各自经营相应的土地。争议的被征用地是张三户实际经营的土地。在未重新办理发包、承包手续的情况下,当事人之间达成的前述协议没有违反法律的禁止性规定,当事人可以处分其相应的民事权利。当事人因独立成家,自愿对原大家庭名下的承包地进行分割,各自经营管护相应部分,这个做法符合当初推行家庭联产承包制的初衷。对承包地分割经营的协议实质上是对原大家庭名下的物权进行分割,没有违反法律的禁止性规定,也没有损害发包方或其他村民的利益,是当事人自愿处分其民事权益的行为,应属于合法协议。虽然二人没有与发包方重新签订发包和承包协议,但这不影响协议的合法性。既然协议合法,当事人应受协议约束。故此,本案当事人关于争议地的民事权利义务应根据协议和相关法律规定确定。当事人达成的协议,主要是张三、张四户各自经营管理相应的土地,即各户只能经营管理自己分得的土地,不能在他人分得的土地上耕种。这表明,协议达成后,各户对自己经营管理的土地享有经营的权利,对他人经营管理的土地不再享有经营的权利。所以,在张三一户经营的土地被征用时,张四户以承包合同没有变更为由,主张享有承包经营权,主张分割张三户获得的征地补偿款,缺乏事实和法律依据,应依法不予支持。

依据

《中华人民共和国民法典》第297条、第299条、第303条

《中华人民共和国农村土地承包法》第 3 条、第 5 条第 1 款、第 16 条

92 自己的承包地被别人耕种了怎么办？

疑惑

王五系甲村村民，分配责任田时，王五家有五口人，分得 10 亩耕地，并进行了确权登记。后王五外出打工，地由其父母耕种。后王五回老家查看耕地补贴时发现自己的地没有了，王五家的耕地被李四家耕种，王五向李四追要，李四以各种借口不予返还耕地。王五诉至法院，要求李四归还其承包的 10 亩耕地。

解析

本案焦点：(1)如何确认争议土地承包经营权的主体；(2)如何保护承包人的合法权益。国家保护集体土地所有者的合法权益，保护承包方土地承包经营权，任何组织和个人不得侵犯。王五作为甲村村民，依法承包了 10 亩耕地，并且人民政府为王五颁发了土地承包经营权证，说明王五取得了 10 亩土地的承包经营权。根据《农村土地承包法》第 27 条第 1 款“承包期内，发包方不得收回承包地”的规定,承包期内土地承包经营权应当是稳定的,不可随意变动。故对王五要求李四归还其承包耕地的诉求,应依法予以支持。

依据

《中华人民共和国农村土地承包法》第9条、第27条第1款

93 自己开垦的荒地可以确权吗?

疑惑

张某见村后坡头荒地多年无人管理,于是自己就在荒地上种植了树木。现在村里要确权土地,张某认为地是荒地,其在上面种植树木,这块地就应该确权归他使用。那么,张某私自开垦的荒地能够得到确权吗?

解析

在城市郊区以及农村的土地,除了法律规定是属于国家的之外,对于荒山、荒地、荒滩等都是属于农村集体组织所有。农村集体所有的土地依法是属于村民集体所有的,一般要有村集体组织,合理地进行经营管理。因此张某不得以已对荒地进行开发为由主张进行确权登记,其可以与村集体签订土地承包合同,再进行确权登记。

依据

《中华人民共和国土地管理法》第9条、第13条

94 村民组有权收回村民土地承包经营权,截留土地租赁费吗?

疑惑

甲户于1995年承包经营农村土地为5.7亩。2002年2月,甲将承包经营的土地交由外村人耕种,直至2017年7月双方协商解除代耕关系。2005年甲全家户籍迁入小城镇。2016年,南伏龙村民组以该户迁入城镇并将土地交由外村村民耕种为由,集体决议收回该户的土地承包经营权,对应的土地流转收益将全部用于村铺路、修水渠、农电改造等公共设施工程。2016年10月,南伏龙村民组组织村民将位于林家埠的土地承包经营权集体对外出租,其中包含甲户的土地承包经营权。除甲外其他农户与土地经营权人(租赁方)签订租赁合同。土地经营权人每年向南伏龙村民组给付租赁费,南伏龙村民组收到款项后进行发放。“伏龙组各农户土地承包费清算表”中记载甲户流转土地面积为6.13亩,包含沟渠的面积,因南伏龙村民组拒付甲户的租赁费,甲遂诉至法院。请问南伏龙村民组决议收回甲的承包地是否有效,是否有权截留该户土地流转费?

解析

非土地发包方的村民组无权收回村民土地承包经营权。村民组是村民自治组织,在乡村治理,实现乡村振兴战略中发挥着不可或缺的作用。村民组在土地流转中的角色有两类:一类是村集体土地的所有者;另一类是受村民委员会、乡(镇)政府等委托协助办理土地承包经营权合同签订、土地承包经营权证颁发、组织流转村集体范围内的土地经营权等相关事务。非所有者的状态下,村民组仅能在法律的框架下根据村民的合议行使自治的权利,不具备收回承包经营权的资格。在本案例中,南伏龙村系案涉土地的所有权人和发包方,案涉村民组并非集体土地的所有者,却召开村集体会议收回村民的土地承包权,显然已经超越了其权利行使边界,损害了村民的土地承包权。因此非土地发包方的村民组无权收回村民土地承包经营权的资格。

依据

《中华人民共和国农村土地承包法》第10条、第27条、第61条

95 承包方将极小部分土地用于经营休闲农业，发包方有权解除合同吗？

疑惑

2001 年 3 月 7 日，甲通过法院委托拍卖，依法竞买获得东孚林果场经营权。6 月 12 日，甲依据竞买确认书，与土地所有权人洪塘村村委会、莲花村村委会、过坂村村委会共同签订了《东孚林果场承包合同》，获得东孚林果场的承包经营管理权。2011 年 1 月 26 日，甲与乙签订《承包合同书》，约定甲将上述承包地部分转包给乙用于经营农、林、花卉及绿化苗木种植业，其间双方均不得再转包他人或出售土地，双方不得改变或违反合同约定。合同签订后，甲依约将讼争承包地交付给乙使用。2014 年 7 月 20 日，乙与丙签订《休闲山庄开发合作协议》，丙将承包地用于发展餐饮业，丙将土地的一小部分用于经营休闲农业，其余土地仍用于农业生产。那么，此时甲是否有权以丙经营休闲农业为由解除与乙签订的《承包合同书》，并要求乙、丙返还讼争承包地？

解析

本案的焦点问题在于农村土地承包中的承包方将极小部分土地

用于经营休闲农业，是否必然构成土地用途的改变，使发包方享有合同的法定解除权。本案中，承包方将极小部分承包面积的承包地用于经营农家乐，其余土地仍用于农业生产。承包方经营休闲农业的行为符合当地促进农业发展的规定，并不妨碍双方履行《承包合同书》，未对土地造成永久性损害。双方之间并未存在约定解除事由及法定解除事由，基于利益平衡和绿色原则，农村土地承包合同中承包方将极小部分土地用于经营休闲农业，在不违反总体规划且未对土地造成永久性损害的情况下，不构成土地用途的改变，也不构成合同解除事由，合同双方当事人应当继续履行。

依据

《中华人民共和国农村土地承包法》第17条、第18条

96 承包人将农用地用于非农建设时该怎么办？

疑惑

2021年1月8日，A村村委会与刘某签订了《承包合同》，用途为发展种植业。后刘某在承包的土地上建造了电子厂房。A 村村委会认为，刘某的行为违反了合同约定以及法律法规的强制性规定，故要求解除涉案《承包合同》并要求刘某将土地返还土地给 A 村。A 村村委会的请求能够得到支持吗？

解析

我国实行土地公有制，农村和城市郊区的土地多数属于农民集体所有。为严格管理、保护和开发土地资源，制止非法占用土地的行为，国家实行严格的土地用途管制制度，将土地分为农用地、建设用地和未利用地，严格控制农用地转为建设用地。原则上，任何单位和个人进行建设，需要使用土地的，必须依法申请使用国有土地。建设占用土地，涉及农用地转为建设用地的，应当办理农用地转用审批手续。未经办理农用地转用审批手续和征用土地批准手续，农用地不得用于非农建设。本案中，合同约定的用途为发展种养业，不违反法律和行政法规强制性规定，但在合同履行过程中。承包人将农用地用于非农建设，既违反法律强制性规定，又违反合同约定的主要义务，导致合同目的无法实现，构成根本违约。发包人可解除合同。

具体到本案，刘某承包涉案地块用于发展种养业，双方均确认涉案地块的性质属于农用地。现刘某将大量土地用于非农建设，既违反了合同约定的主要义务，也违反了法律的强制性规定，导致涉案《承包合同》的目的无法实现，属于根本违约。A 村村委会主张解除涉案《承包合同》,应予以支持。

依据

《中华人民共和国民法典》第 563 条第 1 款第 4 项

《中华人民共和国土地管理法》第 17 条第 2 项

《中华人民共和国农村土地承包法》第 11 条第 1 款

97 发包方收回承包土地并重新发包给其他村民的，该如何维权？

疑惑

张三自 1982 年起享有甲地的集体土地承包经营权,1986 年该户全体成员迁离甲地。2002 年 11 月 8 日,张三获得政府颁发的《土地承包经营权证书》,享有甲地集体 2.12 亩土地承包经营权,承包期限从 2000 年 1 月 1 日起至 2029 年 12 月 31 日止,共计 30 年。1986 年自张三迁出后,甲地集体将其户土地收回并交由本组村民轮流耕作,2017 年恰好轮到李四、王五对争议土地进行耕作,李四、王五两人便在该土地上开挖水沟、种植果树。张三认为李四、王五的行为侵犯了其土地承包经营权，那么张三想要去法院提起诉讼，他应该起诉谁呢？

解析

本案中，张三认为其土地承包经营权被侵害，请求李四、王五停止侵权。但本案的特殊性在于涉案土地虽然由李四、王五实际占有及使用，但是该占有行为是基于发包方收回涉案土地后的重新发包行为，不属于直接侵权。根据最高人民法院《关于审理涉及农村土地承包纠纷案件适用法律问题的解释》第6条的规定，如果张三认为甲地集体组织收回涉案耕地违法的，应以发包方甲地集体组织为被告请求返还承包地，即本案的实际侵权人应为甲地集体组织。在没有确认甲地集体组织收回承包地违法之前，张三直接向李四、王五主张停止侵权、恢复原状没有法律依据。因此，张三应当将村集体经济组织和李四、王五一并起诉，确认集体经济组织收回承包地违法，一并要求李四、王五返还土地。

依据

最高人民法院《关于审理涉及农村土地承包纠纷案件适用法律问题的解释》第6条

98 交回承包地后，能否以“未以书面形式通知村委会”为由主张不是自愿交回？

疑惑

1999年，农村土地进行二轮延包，甲地村委会（甲方、发包方）与张三（乙方、承包方）签订土地承包合同书，甲方将张三承包的2.5亩集体土地承包给乙方耕种，承包期为30年，从1999年1月1日起至2028年12月31日止。同时，张三取得了上述土地的承包经营权证书。

2000年，张三因故将其承包的2.5亩土地交回，甲地村委会重新发包给李四并在甲地村委会公示、广播，张三未提出异议。2005年9月17日，甲地村委会（甲方、发包方）与李四（丙方、承包方）签订土地承包合同书，甲方将上述2.5亩土地承包给丙方耕种，承包期为30年，从1999年1月1日起至2028年12月31日止。2001年至今，上述2.5亩土地一直由李四耕种，相关农业税费也由其缴纳，后粮食补贴亦由其领取。现因土地确权登记，张三与李四对上述2.5亩土地发生纠纷。张三认为，2004年因该地块浇水不畅，所以临时不再耕种，后甲地村委会让李四临时耕种至今，故其起诉要求确认李四与甲地村委会签订的土地承包合同中涉及其承包的2.5亩承包地的部分无效，李四返还该地块给张三。甲地村委会认为，因此块土地为旱地，2000 年张三称不再耕种，交回给甲地村委会，后经村两委商议，重新签订合同给李四耕种，30 年不变，因此张三无理由再请求土地承包权。那么，张三能否以交回承包地但未以书面形式通知村委会为由主张不是自愿交回，要回上述承包地呢？

解析

《农村土地承包法》规定，承包期内，发包方不得收回、调整承包地，承包方可以自愿将承包地交回发包方，承包方自愿交回承包地的，应当提前半年以书面形式通知发包方。本案中，张三交回 2.5亩承包地及王五交回 1 亩承包地虽未提前半年以书面形式通知甲地村委会，但甲地村委会在将该 3.5 亩土地重新发包给李四后予以公示、广播，张三未提出异议，可视为自愿，可以认定张三、王五尽到了通知义务。并且自 2000 年下半年张三、王五通知甲地村委会时起至 2005 年该村委会与李四签订承包合同时止，时间远超半年。张三、王五的通知虽非书面，形式上存在瑕疵，却是我国众多农村村民从事相关行为的惯常做法，确系其真实意思表示。故承包方交回承包地的，虽未以书面形式通知村委会，但在符合一定条件下仍可视为自愿交回，不得再要回承包地。

依据

《中华人民共和国农村土地承包法》第 9 条、第 14 条、第 30 条

99 发包方收回弃耕、撂荒承包地后发包给第三人的该如何处理？

疑惑

2001年春，甲村村民组大部分农户弃耕外出务工，导致耕地荒芜，甲村村委会将该组耕地重新划分为东、西两组，在家耕种的农户责任耕地分在东组，弃耕农户的责任耕地分在西组。西组耕地共140亩，分在西组的农户有李某、王某等七户，但西组农户每户具体面积、位置、四界未划分。2003年6月1日，王某回乡，甲村村委会将西组耕地140亩承包给王某耕种，期限10年。次年，王某经与甲村村委会协商退出，其承包的西组耕地140亩转让给同村村民赵某，赵某承包后正常耕种。2018年，李某从城镇回到甲村，要求赵某及甲村村委会返还其原本承保的西组耕地，遭到赵某及村委会的拒绝。李某因此提起诉讼，要求赵某及村委会返还其原本承包的耕地，并赔偿损失。

解析

《农村土地承包法》第30条规定，承包期内，承包方可以自愿将承包地交回发包方。承包方自愿交回承包地的，可以获得合理补偿，但是应当提前半年以书面形式通知发包方。承包方在承包期内交回承包地的，在承包期内不得再要求承包土地。最高人民法院《关于审理涉及农村土地承包纠纷案件适用法律问题的解释》第10条规定，承包方交回承包地不符合《农村土地承包法》第30条规定程序的，不得认定其为自愿交回。第6条第1款第2项规定，因发包方违法收回、调整承包地，或者因发包方收回承包方弃耕、撂荒的承包地产生的纠纷，发包方已将承包地另行发包给第三人，承包方以发包方和第三人为共同被告，请求确认其所签订的承包合同无效、返还承包地并赔偿损失的，应予支持。但属于承包方弃耕、撂荒情形的，对其赔偿损失的诉讼请求，不予支持。

也就是说，未以书面形式明确通知村委会交回承包地的村民不属于自愿交回土地，村委会不得以村民外出打工而弃耕、撂荒土地为由收回、调整承包地。对于村委会违法收回承包地重新发包的行为，原承包村民可将村委会和新承包人列为共同被告，要求其返还承包地。但对于已弃耕、撂荒情形的，不得主张赔偿损失。

在上面的案例中，李某因外出打工弃耕、撂荒所承包土地，并未以书面形式通知发包方交回承包地。甲村村委会将其承包地另行发包给王某，在王某等三人退出后又发包给赵某，属于违法收回、调整承包地，现李某请求返还承包地，理由正当，应予支持。但在土地重新发包给王某、赵某前，甲村村委会对弃耕户（含李某）弃耕的土地收回后，重新进行了调整，统一将该村西组140亩耕地作为李某等七户承包的耕地面积，但没有具体划分每户各自承包的耕地面积、位置、四界，故李某要求甲村村委会和赵某返还承包耕地的具体面积、位置、四界不清，诉讼请求不明确、不具体，依法应驳回起诉。李某可以向所在基层组织、辖区农村土地承包合同管理机关申请解决。

依据

《中华人民共和国农村土地承包法》第30条

最高人民法院《关于审理涉及农村土地承包纠纷案件适用法律问题的解释》第6条第1款、第10条

100 村委会提前收回发包土地另行发包，该如何处理？

疑惑

朱某为甲村村民。1996年，朱某丈夫谢某病故。1997年，朱某分得承包地2亩。2005年，朱某改嫁至邻村乙村生活，在乙村未取得承包地。自2006年起，朱某的承包地由李某、张某进行耕种，甲村经济合作社在朱某的土地承包归户清册中标注“转李某1亩，转张某1亩”。

2008 年,甲村经济合作社分别与李某、张某签订“农村土地家庭承包合同书”,将集体经济组织所有的若干亩土地发包给李某、张某耕种,其中包含朱某土地承包归户清册中标注的“转李某 1 亩,转张某 1 亩”。2010 年,李某、张某取得农村土地承包经营权证,承包期限自 1997 年 8 月 31 日起至 2027 年 8 月 31 日止。

自 2015 年 6 月起,朱某之女谢小某多次向有关部门主张要求甲村经济合作社、李某、张某返还朱某 2 亩承包地。甲村经济合作社、李某、张某以已签订合同并取得农村土地承包经营权证为由,拒绝返还承包地。那么,朱某有权请求李某、张某返还其在甲村的 2 亩承包地吗?

解析

农村集体经济组织成员有权依法承包由本集体经济组织发包的农村土地。任何组织和个人不得剥夺和非法限制农村集体经济组织成员承包土地的权利。《农村土地承包法》规定:“承包期内,承包方可以自愿将承包地交回发包方。承包方自愿交回承包地的,可以获得合理补偿,但是应当提前半年以书面形式通知发包方”。

在上面的案例中,朱某提供的农户土地承包归户清册可以证实 1997 年其在甲村承包经营了 2 亩耕地。朱某的承包地尚在承包期限内,甲村经济合作社未经朱某书面申请自愿交回承包地,即擅自收回其名下承包地另行发包给李某、张某,侵害了朱某的土地承包经营权。甲村经济合作社与李某、张某签订的“农村土地家庭承包合同书”中涉及朱某承包地的发包、承包约定无效。朱某要求甲村经济合作社、李某、张某返还承包地的诉请，应予支持，但返还承包地应以实际丈量数额为准，并给予一定的宽限期。

依据

《中华人民共和国农村土地承包法》第30条

最高人民法院《关于审理涉及农村土地承包纠纷案件适用法律问题的解释》第6条第1款、第10条

APPENDIX

附　录

中华人民共和国民法典(节录)

(2020年5月28日第十三届全国人民代表
大会第三次会议通过)

第一编 总 则

第一章 基本规定

第四节 个体工商户和农村承包经营户

第五十五条 农村集体经济组织的成员,依法取得农村土地承包经营权,从事家庭承包经营的,为农村承包经营户。

第五十六条 个体工商户的债务,个人经营的,以个人财产承担;家庭经营的,以家庭财产承担;无法区分的,以家庭财产承担。

农村承包经营户的债务,以从事农村土地承包经营的农户财产承担;事实上由农户部分成员经营的,以该部分成员的财产承担。

第六章　民事法律行为

第一节　一般规定

第一百三十三条　民事法律行为是民事主体通过意思表示设立、变更、终止民事法律关系的行为。

第一百三十四条　民事法律行为可以基于双方或者多方的意思表示一致成立，也可以基于单方的意思表示成立。

法人、非法人组织依照法律或者章程规定的议事方式和表决程序作出决议的，该决议行为成立。

第一百三十五条　民事法律行为可以采用书面形式、口头形式或者其他形式；法律、行政法规规定或者当事人约定采用特定形式的，应当采用特定形式。

第一百三十六条　民事法律行为自成立时生效，但是法律另有规定或者当事人另有约定的除外。

行为人非依法律规定或者未经对方同意，不得擅自变更或者解除民事法律行为。

第二节　意思表示

第一百三十七条　以对话方式作出的意思表示，相对人知道其内容时生效。

以非对话方式作出的意思表示，到达相对人时生效。以非对话方式作出的采用数据电文形式的意思表示，相对人指定特定系统接收数据电文的，该数据电文进入该特定系统时生效；未指定特定系统的，相对人知道或者应当知道该数据电文进入其系统时生效。当事人对采用数据电文形式的意思表示的生效时间另有约定的，按照其约定。

第一百三十八条 无相对人的意思表示，表示完成时生效。法律另有规定的，依照其规定。

第一百三十九条 以公告方式作出的意思表示，公告发布时生效。

第一百四十条 行为人可以明示或者默示作出意思表示。

沉默只有在有法律规定、当事人约定或者符合当事人之间的交易习惯时，才可以视为意思表示。

第一百四十一条 行为人可以撤回意思表示。撤回意思表示的通知应当在意思表示到达相对人前或者与意思表示同时到达相对人。

第一百四十二条 有相对人的意思表示的解释，应当按照所使用的词句，结合相关条款、行为的性质和目的、习惯以及诚信原则，确定意思表示的含义。

无相对人的意思表示的解释，不能完全拘泥于所使用的词句，而应当结合相关条款、行为的性质和目的、习惯以及诚信原则，确定行为人的真实意思。

第三节 民事法律行为的效力

第一百四十三条 具备下列条件的民事法律行为有效：

（一）行为人具有相应的民事行为能力；

（二）意思表示真实；

（三）不违反法律、行政法规的强制性规定，不违背公序良俗。

第一百四十四条 无民事行为能力人实施的民事法律行为无效。

第一百四十五条 限制民事行为能力人实施的纯获利益的民事法律行为或者与其年龄、智力、精神健康状况相适应的民事法律行为有效；实施的其他民事法律行为经法定代理人同意或者追认后有效。

相对人可以催告法定代理人自收到通知之日起三十日内予以追认。法定代理人未作表示的,视为拒绝追认。民事法律行为被追认前,善意相对人有撤销的权利。撤销应当以通知的方式作出。

第一百四十六条 行为人与相对人以虚假的意思表示实施的民事法律行为无效。

以虚假的意思表示隐藏的民事法律行为的效力,依照有关法律规定处理。

第一百四十七条 基于重大误解实施的民事法律行为,行为人有权请求人民法院或者仲裁机构予以撤销。

第一百四十八条 一方以欺诈手段,使对方在违背真实意思的情况下实施的民事法律行为,受欺诈方有权请求人民法院或者仲裁机构予以撤销。

第一百四十九条 第三人实施欺诈行为,使一方在违背真实意思的情况下实施的民事法律行为,对方知道或者应当知道该欺诈行为的,受欺诈方有权请求人民法院或者仲裁机构予以撤销。

第一百五十条 一方或者第三人以胁迫手段,使对方在违背真实意思的情况下实施的民事法律行为,受胁迫方有权请求人民法院或者仲裁机构予以撤销。

第一百五十一条 一方利用对方处于危困状态、缺乏判断能力等情形,致使民事法律行为成立时显失公平的,受损害方有权请求人民法院或者仲裁机构予以撤销。

第一百五十二条 有下列情形之一的,撤销权消灭:

(一)当事人自知道或者应当知道撤销事由之日起一年内、重大误解的当事人自知道或者应当知道撤销事由之日起九十日内没有行使撤销权;

(二)当事人受胁迫,自胁迫行为终止之日起一年内没有行使撤销权;

(三)当事人知道撤销事由后明确表示或者以自己的行为表明放弃撤销权。

当事人自民事法律行为发生之日起五年内没有行使撤销权的,撤销权消灭。

第一百五十三条 违反法律、行政法规的强制性规定的民事法律行为无效。但是,该强制性规定不导致该民事法律行为无效的除外。

违背公序良俗的民事法律行为无效。

第一百五十四条　行为人与相对人恶意串通，损害他人合法权益的民事法律行为无效。

第一百五十五条　无效的或者被撤销的民事法律行为自始没有法律约束力。

第一百五十六条　民事法律行为部分无效，不影响其他部分效力的，其他部分仍然有效。

第一百五十七条　民事法律行为无效、被撤销或者确定不发生效力后，行为人因该行为取得的财产，应当予以返还；不能返还或者没有必要返还的，应当折价补偿。有过错的一方应当赔偿对方由此所受到的损失；各方都有过错的，应当各自承担相应的责任。法律另有规定的，依照其规定。

第二编　物　　权

第二分编　所　有　权

第四章　一般规定

第二百四十条　所有权人对自己的不动产或者动产，依法享有占有、使用、收益和处分的权利。

第二百四十一条　所有权人有权在自己的不动产或者动产上设立用益物权和担保物权。用益物权人、担保物权人行使权利，不得损害所有权人的权益。

第二百四十二条　法律规定专属于国家所有的不动产和动产，任何组织或者个人不能取得所有权。

第二百四十三条　为了公共利益的需要，依照法律规定的权限和程序可以征收集体所有的土地和组织、个人的房屋以及其他不动产。

征收集体所有的土地，应当依法及时足额支付土地补偿费、安置补助费以及农村村民住宅、其他地上附着物和青苗等的补偿费用，并安排被征地农民的社会保障费用，保障被征地农民的生活，维护被征地农民的合法权益。

征收组织、个人的房屋以及其他不动产，应当依法给予征收补偿，维护被征收人的合法权益；征收个人住宅的，还应当保障被征收人的居住条件。

任何组织或者个人不得贪污、挪用、私分、截留、拖欠征收补偿费等费用。

第二百四十四条 国家对耕地实行特殊保护，严格限制农用地转为建设用地，控制建设用地总量。不得违反法律规定的权限和程序征收集体所有的土地。

第二百四十五条 因抢险救灾、疫情防控等紧急需要，依照法律规定的权限和程序可以征用组织、个人的不动产或者动产。被征用的不动产或者动产使用后，应当返还被征用人。组织、个人的不动产或者动产被征用或者征用后毁损、灭失的，应当给予补偿。

第三分编　用 益 物 权

第十一章　土地承包经营权

第三百三十条 农村集体经济组织实行家庭承包经营为基础、统分结合的双层经营体制。

农民集体所有和国家所有由农民集体使用的耕地、林地、草地以及其他用于农业的土地，依法实行土地承包经营制度。

第三百三十一条 土地承包经营权人依法对其承包经营的耕地、林地、草地等享有占有、使用和收益的权利，有权从事种植业、林业、畜牧业等农业生产。

第三百三十二条 耕地的承包期为三十年。草地的承包期为三十年至五十年。林地的承包期为三十年至七十年。

前款规定的承包期限届满，由土地承包经营权人依照农村土地承包的法律规定继续承包。

第三百三十三条 土地承包经营权自土地承包经营权合同生效时设立。

登记机构应当向土地承包经营权人发放土地承包经营权证、林权证等证书，并登记造册，确认土地承包经营权。

第三百三十四条 土地承包经营权人依照法律规定，有权将土地承包经营权互换、转让。未经依法批准，不得将承包地用于非农建设。

第三百三十五条 土地承包经营权互换、转让的，当事人可以向登记机构申请登记；未经登记，不得对抗善意第三人。

第三百三十六条 承包期内发包人不得调整承包地。

因自然灾害严重毁损承包地等特殊情形，需要适当调整承包的耕地和草地的，应当依照农村土地承包的法律规定办理。

第三百三十七条 承包期内发包人不得收回承包地。法律另有规定的，依照其规定。

第三百三十八条 承包地被征收的，土地承包经营权人有权依据本法第二百四十三条的规定获得相应补偿。

第三百三十九条 土地承包经营权人可以自主决定依法采取出租、入股或者其他方式向他人流转土地经营权。

第三百四十条 土地经营权人有权在合同约定的期限内占有农村土地，自主开展农业生产经营并取得收益。

第三百四十一条 流转期限为五年以上的土地经营权，自流转合同生效时设立。当事人可以向登记机构申请土地经营权登记；未经登记，不得对抗善意第三人。

第三百四十二条 通过招标、拍卖、公开协商等方式承包农村土地，经依法登记取得权属证书的,可以依法采取出租、入股、抵押或者其他方式流转土地经营权。

第三百四十三条 国家所有的农用地实行承包经营的,参照适用本编的有关规定。

第十三章 宅基地使用权

第三百六十二条 宅基地使用权人依法对集体所有的土地享有占有和使用的权利,有权依法利用该土地建造住宅及其附属设施。

第三百六十三条 宅基地使用权的取得、行使和转让,适用土地管理的法律和国家有关规定。

第三百六十四条 宅基地因自然灾害等原因灭失的,宅基地使用权消灭。对失去宅基地的村民,应当依法重新分配宅基地。

第三百六十五条 已经登记的宅基地使用权转让或者消灭的,应当及时办理变更登记或者注销登记。

中华人民共和国土地管理法

(1986年6月25日第六届全国人民代表大会常务委员会第十六次会议通过　根据1988年12月29日第七届全国人民代表大会常务委员会第五次会议《关于修改〈中华人民共和国土地管理法〉的决定》第一次修正　1998年8月29日第九届全国人民代表大会常务委员会第四次会议修订　根据2004年8月28日第十届全国人民代表大会常务委员会第十一次会议《关于修改〈中华人民共和国土地管理法〉的决定》第二次修正　根据2019年8月26日第十三届全国人民代表大会常务委员会第十二次会议《关于修改〈中华人民共和国土地管理法〉、〈中华人民共和国城市房地产管理法〉的决定》第三次修正)

第一章　总　　则

第一条　为了加强土地管理,维护土地的社会主义公有制,保护、开发土地资源,合理利用土地,切实保护耕地,促进社会经济的可持续发展,根据宪法,制定本法。

第二条　中华人民共和国实行土地的社会主义公有制,即全民所有制和劳动群众集体所有制。

全民所有,即国家所有土地的所有权由国务院代表国家行使。

任何单位和个人不得侵占、买卖或者以其他形式非法转让土地。土地使用权可以依法转让。

国家为了公共利益的需要,可以依法对土地实行征收或者征用并给予补偿。

国家依法实行国有土地有偿使用制度。但是,国家在法律规定的范围内划拨国有土地使用权的除外。

第三条 十分珍惜、合理利用土地和切实保护耕地是我国的基本国策。各级人民政府应当采取措施,全面规划,严格管理,保护、开发土地资源,制止非法占用土地的行为。

第四条 国家实行土地用途管制制度。

国家编制土地利用总体规划,规定土地用途,将土地分为农用地、建设用地和未利用地。严格限制农用地转为建设用地,控制建设用地总量,对耕地实行特殊保护。

前款所称农用地是指直接用于农业生产的土地,包括耕地、林地、草地、农田水利用地、养殖水面等;建设用地是指建造建筑物、构筑物的土地,包括城乡住宅和公共设施用地、工矿用地、交通水利设施用地、旅游用地、军事设施用地等;未利用地是指农用地和建设用地以外的土地。

使用土地的单位和个人必须严格按照土地利用总体规划确定的用途使用土地。

第五条 国务院自然资源主管部门统一负责全国土地的管理和监督工作。

县级以上地方人民政府自然资源主管部门的设置及其职责,由省、自治区、直辖市人民政府根据国务院有关规定确定。

第六条 国务院授权的机构对省、自治区、直辖市人民政府以及国务院确定的城市人民政府土地利用和土地管理情况进行督察。

第七条　任何单位和个人都有遵守土地管理法律、法规的义务，并有权对违反土地管理法律、法规的行为提出检举和控告。

第八条　在保护和开发土地资源、合理利用土地以及进行有关的科学研究等方面成绩显著的单位和个人，由人民政府给予奖励。

第二章　土地的所有权和使用权

第九条　城市市区的土地属于国家所有。

农村和城市郊区的土地，除由法律规定属于国家所有的以外，属于农民集体所有；宅基地和自留地、自留山，属于农民集体所有。

第十条　国有土地和农民集体所有的土地，可以依法确定给单位或者个人使用。使用土地的单位和个人，有保护、管理和合理利用土地的义务。

第十一条　农民集体所有的土地依法属于村农民集体所有的，由村集体经济组织或者村民委员会经营、管理；已经分别属于村内两个以上农村集体经济组织的农民集体所有的，由村内各该农村集体经济组织或者村民小组经营、管理；已经属于乡（镇）农民集体所有的，由乡（镇）农村集体经济组织经营、管理。

第十二条　土地的所有权和使用权的登记，依照有关不动产登记的法律、行政法规执行。

依法登记的土地的所有权和使用权受法律保护，任何单位和个人不得侵犯。

第十三条　农民集体所有和国家所有依法由农民集体使用的耕地、林地、草地，以及其他依法用于农业的土地，采取农村集体经济组织内部的家庭承包方式承包，不宜采取家庭承包方式的荒山、荒沟、荒丘、荒滩等，可以采取招标、拍卖、公开协商等方式承包，从事种植业、林业、畜牧业、渔业生产。家庭承包的耕地的承包期为三十年，草地的承包期为三十年至五十年，林地的承包期为三十年至七十年；耕地承包期届满后再延长三十年，草地、林地承包期届满后依法相应延长。

国家所有依法用于农业的土地可以由单位或者个人承包经营,从事种植业、林业、畜牧业、渔业生产。

发包方和承包方应当依法订立承包合同,约定双方的权利和义务。承包经营土地的单位和个人,有保护和按照承包合同约定的用途合理利用土地的义务。

第十四条 土地所有权和使用权争议,由当事人协商解决;协商不成的,由人民政府处理。

单位之间的争议,由县级以上人民政府处理;个人之间、个人与单位之间的争议,由乡级人民政府或者县级以上人民政府处理。

当事人对有关人民政府的处理决定不服的,可以自接到处理决定通知之日起三十日内,向人民法院起诉。

在土地所有权和使用权争议解决前,任何一方不得改变土地利用现状。

第三章 土地利用总体规划

第十五条 各级人民政府应当依据国民经济和社会发展规划、国土整治和资源环境保护的要求、土地供给能力以及各项建设对土地的需求,组织编制土地利用总体规划。

土地利用总体规划的规划期限由国务院规定。

第十六条 下级土地利用总体规划应当依据上一级土地利用总体规划编制。

地方各级人民政府编制的土地利用总体规划中的建设用地总量不得超过上一级土地利用总体规划确定的控制指标,耕地保有量不得低于上一级土地利用总体规划确定的控制指标。

省、自治区、直辖市人民政府编制的土地利用总体规划,应当确保本行政区域内耕地总量不减少。

第十七条 土地利用总体规划按照下列原则编制:

(一)落实国土空间开发保护要求,严格土地用途管制;

(二)严格保护永久基本农田,严格控制非农业建设占用农用地;

(三)提高土地节约集约利用水平;

(四)统筹安排城乡生产、生活、生态用地,满足乡村产业和基础设施用地合理需求,促进城乡融合发展;

(五)保护和改善生态环境,保障土地的可持续利用;

(六)占用耕地与开发复垦耕地数量平衡、质量相当。

第十八条 国家建立国土空间规划体系。编制国土空间规划应当坚持生态优先,绿色、可持续发展,科学有序统筹安排生态、农业、城镇等功能空间,优化国土空间结构和布局,提升国土空间开发、保护的质量和效率。

经依法批准的国土空间规划是各类开发、保护、建设活动的基本依据。已经编制国土空间规划的,不再编制土地利用总体规划和城乡规划。

第十九条 县级土地利用总体规划应当划分土地利用区,明确土地用途。

乡(镇)土地利用总体规划应当划分土地利用区,根据土地使用条件,确定每一块土地的用途,并予以公告。

第二十条 土地利用总体规划实行分级审批。

省、自治区、直辖市的土地利用总体规划,报国务院批准。

省、自治区人民政府所在地的市、人口在一百万以上的城市以及国务院指定的城市的土地利用总体规划,经省、自治区人民政府审查同意后,报国务院批准。

本条第二款、第三款规定以外的土地利用总体规划,逐级上报省、自治区、直辖市人民政府批准;其中,乡(镇)土地利用总体规划可以由省级人民政府授权的设区的市、自治州人民政府批准。

土地利用总体规划一经批准,必须严格执行。

第二十一条 城市建设用地规模应当符合国家规定的标准,充分利用现有建设用地,不占或者尽量少占农用地。

城市总体规划、村庄和集镇规划,应当与土地利用总体规划相衔接,城市总体规划、村庄和集镇规划中建设用地规模不得超过土地利用总体规划确定的城市和村庄、集镇建设用地规模。

在城市规划区内、村庄和集镇规划区内,城市和村庄、集镇建设用地应当符合城市规划、村庄和集镇规划。

第二十二条 江河、湖泊综合治理和开发利用规划,应当与土地利用总体规划相衔接。在江河、湖泊、水库的管理和保护范围以及蓄洪滞洪区内,土地利用应当符合江河、湖泊综合治理和开发利用规划,符合河道、湖泊行洪、蓄洪和输水的要求。

第二十三条 各级人民政府应当加强土地利用计划管理,实行建设用地总量控制。

土地利用年度计划,根据国民经济和社会发展计划、国家产业政策、土地利用总体规划以及建设用地和土地利用的实际状况编制。土地利用年度计划应当对本法第六十三条规定的集体经营性建设用地作出合理安排。土地利用年度计划的编制审批程序与土地利用总体规划的编制审批程序相同,一经审批下达,必须严格执行。

第二十四条 省、自治区、直辖市人民政府应当将土地利用年度计划的执行情况列为国民经济和社会发展计划执行情况的内容,向同级人民代表大会报告。

第二十五条 经批准的土地利用总体规划的修改,须经原批准机关批准;未经批准,不得改变土地利用总体规划确定的土地用途。

经国务院批准的大型能源、交通、水利等基础设施建设用地,需要改变土地利用总体规划的,根据国务院的批准文件修改土地利用总体规划。

经省、自治区、直辖市人民政府批准的能源、交通、水利等基础设施建设用地,需要改变土地利用总体规划的,属于省级人民政府土地利用总体规划批准权限内的，根据省级人民政府的批准文件修改土地利用总体规划。

第二十六条 国家建立土地调查制度。

县级以上人民政府自然资源主管部门会同同级有关部门进行土地调查。土地所有者或者使用者应当配合调查，并提供有关资料。

第二十七条 县级以上人民政府自然资源主管部门会同同级有关部门根据土地调查成果、规划土地用途和国家制定的统一标准，评定土地等级。

第二十八条 国家建立土地统计制度。

县级以上人民政府统计机构和自然资源主管部门依法进行土地统计调查，定期发布土地统计资料。土地所有者或者使用者应当提供有关资料，不得拒报、迟报，不得提供不真实、不完整的资料。

统计机构和自然资源主管部门共同发布的土地面积统计资料是各级人民政府编制土地利用总体规划的依据。

第二十九条 国家建立全国土地管理信息系统，对土地利用状况进行动态监测。

第四章 耕地保护

第三十条 国家保护耕地，严格控制耕地转为非耕地。

国家实行占用耕地补偿制度。非农业建设经批准占用耕地的，按照“占多少，垦多少”的原则，由占用耕地的单位负责开垦与所占用耕地的数量和质量相当的耕地；没有条件开垦或者开垦的耕地不符合要求的，应当按照省、自治区、直辖市的规定缴纳耕地开垦费，专款用于开垦新的耕地。

省、自治区、直辖市人民政府应当制定开垦耕地计划，监督占用耕地的单位按照计划开垦耕地或者按照计划组织开垦耕地，并进行验收。

第三十一条 县级以上地方人民政府可以要求占用耕地的单位将所占用耕

地耕作层的土壤用于新开垦耕地、劣质地或者其他耕地的土壤改良。

第三十二条 省、自治区、直辖市人民政府应当严格执行土地利用总体规划和土地利用年度计划，采取措施，确保本行政区域内耕地总量不减少、质量不降低。耕地总量减少的，由国务院责令在规定期限内组织开垦与所减少耕地的数量与质量相当的耕地；耕地质量降低的，由国务院责令在规定期限内组织整治。新开垦和整治的耕地由国务院自然资源主管部门会同农业农村主管部门验收。

个别省、直辖市确因土地后备资源匮乏，新增建设用地后，新开垦耕地的数量不足以补偿所占用耕地的数量的，必须报经国务院批准减免本行政区域内开垦耕地的数量，易地开垦数量和质量相当的耕地。

第三十三条 国家实行永久基本农田保护制度。下列耕地应当根据土地利用总体规划划为永久基本农田，实行严格保护：

（一）经国务院农业农村主管部门或者县级以上地方人民政府批准确定的粮、棉、油、糖等重要农产品生产基地内的耕地；

（二）有良好的水利与水土保持设施的耕地，正在实施改造计划以及可以改造的中、低产田和已建成的高标准农田；

（三）蔬菜生产基地；

（四）农业科研、教学试验田；

（五）国务院规定应当划为永久基本农田的其他耕地。

各省、自治区、直辖市划定的永久基本农田一般应当占本行政区域内耕地的百分之八十以上，具体比例由国务院根据各省、自治区、直辖市耕地实际情况规定。

第三十四条 永久基本农田划定以乡（镇）为单位进行，由县级人民政府自然资源主管部门会同同级农业农村主管部门组织实施。永久基本农田应当落实到地块，纳入国家永久基本农田数据库严格管理。

乡（镇）人民政府应当将永久基本农田的位置、范围向社会公告，并设立保护标志。

第三十五条　永久基本农田经依法划定后，任何单位和个人不得擅自占用或者改变其用途。国家能源、交通、水利、军事设施等重点建设项目选址确实难以避让永久基本农田，涉及农用地转用或者土地征收的，必须经国务院批准。

禁止通过擅自调整县级土地利用总体规划、乡（镇）土地利用总体规划等方式规避永久基本农田农用地转用或者土地征收的审批。

第三十六条　各级人民政府应当采取措施，引导因地制宜轮作休耕，改良土壤，提高地力，维护排灌工程设施，防止土地荒漠化、盐渍化、水土流失和土壤污染。

第三十七条　非农业建设必须节约使用土地，可以利用荒地的，不得占用耕地；可以利用劣地的，不得占用好地。

禁止占用耕地建窑、建坟或者擅自在耕地上建房、挖砂、采石、采矿、取土等。

禁止占用永久基本农田发展林果业和挖塘养鱼。

第三十八条　禁止任何单位和个人闲置、荒芜耕地。已经办理审批手续的非农业建设占用耕地，一年内不用而又可以耕种并收获的，应当由原耕种该幅耕地的集体或者个人恢复耕种，也可以由用地单位组织耕种；一年以上未动工建设的，应当按照省、自治区、直辖市的规定缴纳闲置费；连续二年未使用的，经原批准机关批准，由县级以上人民政府无偿收回用地单位的土地使用权；该幅土地原为农民集体所有的，应当交由原农村集体经济组织恢复耕种。

在城市规划区范围内，以出让方式取得土地使用权进行房地产开发的闲置土地，依照《中华人民共和国城市房地产管理法》的有关规定办理。

第三十九条　国家鼓励单位和个人按照土地利用总体规划，在保护和改善生态环境、防止水土流失和土地荒漠化的前提下，开发未利用的土地；适宜开发为农用地的，应当优先开发成农用地。

国家依法保护开发者的合法权益。

第四十条 开垦未利用的土地,必须经过科学论证和评估,在土地利用总体规划划定的可开垦的区域内,经依法批准后进行。禁止毁坏森林、草原开垦耕地,禁止围湖造田和侵占江河滩地。

根据土地利用总体规划,对破坏生态环境开垦、围垦的土地,有计划有步骤地退耕还林、还牧、还湖。

第四十一条 开发未确定使用权的国有荒山、荒地、荒滩从事种植业、林业、畜牧业、渔业生产的,经县级以上人民政府依法批准,可以确定给开发单位或者个人长期使用。

第四十二条 国家鼓励土地整理。县、乡(镇)人民政府应当组织农村集体经济组织,按照土地利用总体规划,对田、水、路、林、村综合整治,提高耕地质量,增加有效耕地面积,改善农业生产条件和生态环境。

地方各级人民政府应当采取措施,改造中、低产田,整治闲散地和废弃地。

第四十三条 因挖损、塌陷、压占等造成土地破坏,用地单位和个人应当按照国家有关规定负责复垦;没有条件复垦或者复垦不符合要求的,应当缴纳土地复垦费,专项用于土地复垦。复垦的土地应当优先用于农业。

第五章 建设用地

第四十四条 建设占用土地,涉及农用地转为建设用地的,应当办理农用地转用审批手续。

永久基本农田转为建设用地的,由国务院批准。

在土地利用总体规划确定的城市和村庄、集镇建设用地规模范围内,为实施该规划而将永久基本农田以外的农用地转为建设用地的,按土地利用年度计划分批次按照国务院规定由原批准土地利用总体规划的机关或者其授权的机关批准。在已批准的农用地转用范围内,具体建设项目用地可以由市、县人民政府批准。

在土地利用总体规划确定的城市和村庄、集镇建设用地规模范围外，将永久基本农田以外的农用地转为建设用地的，由国务院或者国务院授权的省、自治区、直辖市人民政府批准。

第四十五条　为了公共利益的需要，有下列情形之一，确需征收农民集体所有的土地的，可以依法实施征收：

（一）军事和外交需要用地的；

（二）由政府组织实施的能源、交通、水利、通信、邮政等基础设施建设需要用地的；

（三）由政府组织实施的科技、教育、文化、卫生、体育、生态环境和资源保护、防灾减灾、文物保护、社区综合服务、社会福利、市政公用、优抚安置、英烈保护等公共事业需要用地的；

（四）由政府组织实施的扶贫搬迁、保障性安居工程建设需要用地的；

（五）在土地利用总体规划确定的城镇建设用地范围内，经省级以上人民政府批准由县级以上地方人民政府组织实施的成片开发建设需要用地的；

（六）法律规定为公共利益需要可以征收农民集体所有的土地的其他情形。

前款规定的建设活动，应当符合国民经济和社会发展规划、土地利用总体规划、城乡规划和专项规划；第（四）项、第（五）项规定的建设活动，还应当纳入国民经济和社会发展年度计划；第（五）项规定的成片开发并应当符合国务院自然资源主管部门规定的标准。

第四十六条　征收下列土地的，由国务院批准：

（一）永久基本农田；

（二）永久基本农田以外的耕地超过三十五公顷的；

（三）其他土地超过七十公顷的。

征收前款规定以外的土地的，由省、自治区、直辖市人民政府批准。

征收农用地的,应当依照本法第四十四条的规定先行办理农用地转用审批。其中,经国务院批准农用地转用的,同时办理征地审批手续,不再另行办理征地审批;经省、自治区、直辖市人民政府在征地批准权限内批准农用地转用的,同时办理征地审批手续,不再另行办理征地审批,超过征地批准权限的,应当依照本条第一款的规定另行办理征地审批。

第四十七条 国家征收土地的,依照法定程序批准后,由县级以上地方人民政府予以公告并组织实施。

县级以上地方人民政府拟申请征收土地的,应当开展拟征收土地现状调查和社会稳定风险评估,并将征收范围、土地现状、征收目的、补偿标准、安置方式和社会保障等在拟征收土地所在的乡(镇)和村、村民小组范围内公告至少三十日,听取被征地的农村集体经济组织及其成员、村民委员会和其他利害关系人的意见。

多数被征地的农村集体经济组织成员认为征地补偿安置方案不符合法律、法规规定的,县级以上地方人民政府应当组织召开听证会,并根据法律、法规的规定和听证会情况修改方案。

拟征收土地的所有权人、使用权人应当在公告规定期限内,持不动产权属证明材料办理补偿登记。县级以上地方人民政府应当组织有关部门测算并落实有关费用,保证足额到位,与拟征收土地的所有权人、使用权人就补偿、安置等签订协议;个别确实难以达成协议的,应当在申请征收土地时如实说明。

相关前期工作完成后,县级以上地方人民政府方可申请征收土地。

第四十八条 征收土地应当给予公平、合理的补偿,保障被征地农民原有生活水平不降低、长远生计有保障。

征收土地应当依法及时足额支付土地补偿费、安置补助费以及农村村民住宅、其他地上附着物和青苗等的补偿费用,并安排被征地农民的社会保障费用。

征收农用地的土地补偿费、安置补助费标准由省、自治区、直辖市通过制定公布区片综合地价确定。制定区片综合地价应当综合考虑土地原用途、土地资源条件、土地产值、土地区位、土地供求关系、人口以及经济社会发展水平等因素,并至少每三年调整或者重新公布一次。

征收农用地以外的其他土地、地上附着物和青苗等的补偿标准,由省、自治区、直辖市制定。对其中的农村村民住宅,应当按照先补偿后搬迁、居住条件有改善的原则,尊重农村村民意愿,采取重新安排宅基地建房、提供安置房或者货币补偿等方式给予公平、合理的补偿,并对因征收造成的搬迁、临时安置等费用予以补偿,保障农村村民居住的权利和合法的住房财产权益。

县级以上地方人民政府应当将被征地农民纳入相应的养老等社会保障体系。被征地农民的社会保障费用主要用于符合条件的被征地农民的养老保险等社会保险缴费补贴。被征地农民社会保障费用的筹集、管理和使用办法,由省、自治区、直辖市制定。

第四十九条 被征地的农村集体经济组织应当将征收土地的补偿费用的收支状况向本集体经济组织的成员公布,接受监督。

禁止侵占、挪用被征收土地单位的征地补偿费用和其他有关费用。

第五十条 地方各级人民政府应当支持被征地的农村集体经济组织和农民从事开发经营,兴办企业。

第五十一条 大中型水利、水电工程建设征收土地的补偿费标准和移民安置办法,由国务院另行规定。

第五十二条 建设项目可行性研究论证时,自然资源主管部门可以根据土地利用总体规划、土地利用年度计划和建设用地标准,对建设用地有关事项进行审查,并提出意见。

第五十三条 经批准的建设项目需要使用国有建设用地的,建设单位应当持法律、行政法规规定的有关文件,向有批准权的县级以上人民政府自然资源主管部门提出建设用地申请,经自然资源主管部门审查,报本级人民政府批准。

第五十四条 建设单位使用国有土地，应当以出让等有偿使用方式取得；但是，下列建设用地，经县级以上人民政府依法批准，可以以划拨方式取得：

（一）国家机关用地和军事用地；

（二）城市基础设施用地和公益事业用地；

（三）国家重点扶持的能源、交通、水利等基础设施用地；

（四）法律、行政法规规定的其他用地。

第五十五条 以出让等有偿使用方式取得国有土地使用权的建设单位，按照国务院规定的标准和办法，缴纳土地使用权出让金等土地有偿使用费和其他费用后，方可使用土地。

自本法施行之日起，新增建设用地的土地有偿使用费，百分之三十上缴中央财政，百分之七十留给有关地方人民政府。具体使用管理办法由国务院财政部门会同有关部门制定，并报国务院批准。

第五十六条 建设单位使用国有土地的，应当按照土地使用权出让等有偿使用合同的约定或者土地使用权划拨批准文件的规定使用土地；确需改变该幅土地建设用途的，应当经有关人民政府自然资源主管部门同意，报原批准用地的人民政府批准。其中，在城市规划区内改变土地用途的，在报批前，应当先经有关城市规划行政主管部门同意。

第五十七条 建设项目施工和地质勘查需要临时使用国有土地或者农民集体所有的土地的，由县级以上人民政府自然资源主管部门批准。其中，在城市规划区内的临时用地，在报批前，应当先经有关城市规划行政主管部门同意。土地使用者应当根据土地权属，与有关自然资源主管部门或者农村集体经济组织、村民委员会签订临时使用土地合同，并按照合同的约定支付临时使用土地补偿费。

临时使用土地的使用者应当按照临时使用土地合同约定的用途使用土地，并不得修建永久性建筑物。

临时使用土地期限一般不超过二年。

第五十八条 有下列情形之一的,由有关人民政府自然资源主管部门报经原批准用地的人民政府或者有批准权的人民政府批准,可以收回国有土地使用权:

(一)为实施城市规划进行旧城区改建以及其他公共利益需要,确需使用土地的;

(二)土地出让等有偿使用合同约定的使用期限届满,土地使用者未申请续期或者申请续期未获批准的;

(三)因单位撤销、迁移等原因,停止使用原划拨的国有土地的;

(四)公路、铁路、机场、矿场等经核准报废的。

依照前款第(一)项的规定收回国有土地使用权的,对土地使用权人应当给予适当补偿。

第五十九条 乡镇企业、乡(镇)村公共设施、公益事业、农村村民住宅等乡(镇)村建设,应当按照村庄和集镇规划,合理布局,综合开发,配套建设;建设用地,应当符合乡(镇)土地利用总体规划和土地利用年度计划,并依照本法第四十四条、第六十条、第六十一条、第六十二条的规定办理审批手续。

第六十条 农村集体经济组织使用乡(镇)土地利用总体规划确定的建设用地兴办企业或者与其他单位、个人以土地使用权入股、联营等形式共同举办企业的,应当持有关批准文件,向县级以上地方人民政府自然资源主管部门提出申请,按照省、自治区、直辖市规定的批准权限,由县级以上地方人民政府批准;其中,涉及占用农用地的,依照本法第四十四条的规定办理审批手续。

按照前款规定兴办企业的建设用地,必须严格控制。省、自治区、直辖市可以按照乡镇企业的不同行业和经营规模,分别规定用地标准。

第六十一条 乡(镇)村公共设施、公益事业建设,需要使用土地的,经乡(镇)人民政府审核,向县级以上地方人民政府自然资源主管部门提出申请,按照省、自治区、直辖市规定的批准权限,由县级以上地方人民政府批准;其中,涉及占用农用地的，依照本法第四十四条的规定办理审批手续。

第六十二条 农村村民一户只能拥有一处宅基地，其宅基地的面积不得超过省、自治区、直辖市规定的标准。

人均土地少、不能保障一户拥有一处宅基地的地区，县级人民政府在充分尊重农村村民意愿的基础上，可以采取措施，按照省、自治区、直辖市规定的标准保障农村村民实现户有所居。

农村村民建住宅，应当符合乡（镇）土地利用总体规划、村庄规划，不得占用永久基本农田，并尽量使用原有的宅基地和村内空闲地。编制乡（镇）土地利用总体规划、村庄规划应当统筹并合理安排宅基地用地，改善农村村民居住环境和条件。

农村村民住宅用地，由乡（镇）人民政府审核批准；其中，涉及占用农用地的，依照本法第四十四条的规定办理审批手续。

农村村民出卖、出租、赠与住宅后，再申请宅基地的，不予批准。

国家允许进城落户的农村村民依法自愿有偿退出宅基地，鼓励农村集体经济组织及其成员盘活利用闲置宅基地和闲置住宅。

国务院农业农村主管部门负责全国农村宅基地改革和管理有关工作。

第六十三条 土地利用总体规划、城乡规划确定为工业、商业等经营性用途，并经依法登记的集体经营性建设用地，土地所有权人可以通过出让、出租等方式交由单位或者个人使用，并应当签订书面合同，载明土地界址、面积、动工期限、使用期限、土地用途、规划条件和双方其他权利义务。

前款规定的集体经营性建设用地出让、出租等，应当经本集体经济组织成员的村民会议三分之二以上成员或者三分之二以上村民代表的同意。

通过出让等方式取得的集体经营性建设用地使用权可以转让、互换、出资、赠与或者抵押，但法律、行政法规另有规定或者土地所有权人、土地使用权人签订的书面合同另有约定的除外。

集体经营性建设用地的出租,集体建设用地使用权的出让及其最高年限、转让、互换、出资、赠与、抵押等,参照同类用途的国有建设用地执行。具体办法由国务院制定。

第六十四条 集体建设用地的使用者应当严格按照土地利用总体规划、城乡规划确定的用途使用土地。

第六十五条 在土地利用总体规划制定前已建的不符合土地利用总体规划确定的用途的建筑物、构筑物,不得重建、扩建。

第六十六条 有下列情形之一的,农村集体经济组织报经原批准用地的人民政府批准,可以收回土地使用权:

(一)为乡(镇)村公共设施和公益事业建设,需要使用土地的;

(二)不按照批准的用途使用土地的;

(三)因撤销、迁移等原因而停止使用土地的。

依照前款第(一)项规定收回农民集体所有的土地的,对土地使用权人应当给予适当补偿。

收回集体经营性建设用地使用权,依照双方签订的书面合同办理,法律、行政法规另有规定的除外。

第六章 监督检查

第六十七条 县级以上人民政府自然资源主管部门对违反土地管理法律、法规的行为进行监督检查。

县级以上人民政府农业农村主管部门对违反农村宅基地管理法律、法规的行为进行监督检查的,适用本法关于自然资源主管部门监督检查的规定。

土地管理监督检查人员应当熟悉土地管理法律、法规,忠于职守、秉公执法。

第六十八条 县级以上人民政府自然资源主管部门履行监督检查职责时,

有权采取下列措施：

（一）要求被检查的单位或者个人提供有关土地权利的文件和资料，进行查阅或者予以复制；

（二）要求被检查的单位或者个人就有关土地权利的问题作出说明；

（三）进入被检查单位或者个人非法占用的土地现场进行勘测；

（四）责令非法占用土地的单位或者个人停止违反土地管理法律、法规的行为。

第六十九条 土地管理监督检查人员履行职责，需要进入现场进行勘测、要求有关单位或者个人提供文件、资料和作出说明的，应当出示土地管理监督检查证件。

第七十条 有关单位和个人对县级以上人民政府自然资源主管部门就土地违法行为进行的监督检查应当支持与配合，并提供工作方便，不得拒绝与阻碍土地管理监督检查人员依法执行职务。

第七十一条 县级以上人民政府自然资源主管部门在监督检查工作中发现国家工作人员的违法行为，依法应当给予处分的，应当依法予以处理；自己无权处理的，应当依法移送监察机关或者有关机关处理。

第七十二条 县级以上人民政府自然资源主管部门在监督检查工作中发现土地违法行为构成犯罪的，应当将案件移送有关机关，依法追究刑事责任；尚不构成犯罪的，应当依法给予行政处罚。

第七十三条 依照本法规定应当给予行政处罚，而有关自然资源主管部门不给予行政处罚的，上级人民政府自然资源主管部门有权责令有关自然资源主管部门作出行政处罚决定或者直接给予行政处罚，并给予有关自然资源主管部门的负责人处分。

第七章 法律责任

第七十四条 买卖或者以其他形式非法转让土地的，由县级以上人民政府自然资源主管部门没收违法所得;对违反土地利用总体规划擅自将农用地改为建设用地的,限期拆除在非法转让的土地上新建的建筑物和其他设施,恢复土地原状,对符合土地利用总体规划的,没收在非法转让的土地上新建的建筑物和其他设施;可以并处罚款;对直接负责的主管人员和其他直接责任人员,依法给予处分;构成犯罪的,依法追究刑事责任。

第七十五条 违反本法规定,占用耕地建窑、建坟或者擅自在耕地上建房、挖砂、采石、采矿、取土等,破坏种植条件的,或者因开发土地造成土地荒漠化、盐渍化的,由县级以上人民政府自然资源主管部门、农业农村主管部门等按照职责责令限期改正或者治理,可以并处罚款;构成犯罪的,依法追究刑事责任。

第七十六条 违反本法规定,拒不履行土地复垦义务的,由县级以上人民政府自然资源主管部门责令限期改正;逾期不改正的,责令缴纳复垦费,专项用于土地复垦,可以处以罚款。

第七十七条 未经批准或者采取欺骗手段骗取批准,非法占用土地的,由县级以上人民政府自然资源主管部门责令退还非法占用的土地,对违反土地利用总体规划擅自将农用地改为建设用地的,限期拆除在非法占用的土地上新建的建筑物和其他设施,恢复土地原状,对符合土地利用总体规划的,没收在非法占用的土地上新建的建筑物和其他设施,可以并处罚款;对非法占用土地单位的直接负责的主管人员和其他直接责任人员,依法给予处分;构成犯罪的,依法追究刑事责任。

超过批准的数量占用土地,多占的土地以非法占用土地论处。

第七十八条 农村村民未经批准或者采取欺骗手段骗取批准,非法占用土地建住宅的,由县级以上人民政府农业农村主管部门责令退还非法占用的土地,限期拆除在非法占用的土地上新建的房屋。

超过省、自治区、直辖市规定的标准,多占的土地以非法占用土地论处。

第七十九条 无权批准征收、使用土地的单位或者个人非法批准占用土地的，超越批准权限非法批准占用土地的，不按照土地利用总体规划确定的用途批准用地的，或者违反法律规定的程序批准占用、征收土地的，其批准文件无效，对非法批准征收、使用土地的直接负责的主管人员和其他直接责任人员，依法给予处分；构成犯罪的，依法追究刑事责任。非法批准、使用的土地应当收回，有关当事人拒不归还的，以非法占用土地论处。

非法批准征收、使用土地，对当事人造成损失的，依法应当承担赔偿责任。

第八十条 侵占、挪用被征收土地单位的征地补偿费用和其他有关费用，构成犯罪的，依法追究刑事责任；尚不构成犯罪的，依法给予处分。

第八十一条 依法收回国有土地使用权当事人拒不交出土地的，临时使用土地期满拒不归还的，或者不按照批准的用途使用国有土地的，由县级以上人民政府自然资源主管部门责令交还土地，处以罚款。

第八十二条 擅自将农民集体所有的土地通过出让、转让使用权或者出租等方式用于非农业建设，或者违反本法规定，将集体经营性建设用地通过出让、出租等方式交由单位或者个人使用的，由县级以上人民政府自然资源主管部门责令限期改正，没收违法所得，并处罚款。

第八十三条 依照本法规定，责令限期拆除在非法占用的土地上新建的建筑物和其他设施的，建设单位或者个人必须立即停止施工，自行拆除；对继续施工的，作出处罚决定的机关有权制止。建设单位或者个人对责令限期拆除的行政处罚决定不服的，可以在接到责令限期拆除决定之日起十五日内，向人民法院起诉；期满不起诉又不自行拆除的，由作出处罚决定的机关依法申请人民法院强制执行，费用由违法者承担。

第八十四条 自然资源主管部门、农业农村主管部门的工作人员玩忽职守、滥用职权、徇私舞弊，构成犯罪的，依法追究刑事责任；尚不构成犯罪的，依法给予处分。

第八章 附 则

第八十五条 外商投资企业使用土地的，适用本法；法律另有规定的，从其规定。

第八十六条 在根据本法第十八条的规定编制国土空间规划前，经依法批准的土地利用总体规划和城乡规划继续执行。

第八十七条 本法自1999年1月1日起施行。

中华人民共和国土地管理法实施条例

（1998年12月27日中华人民共和国国务院令第256号发布 根据2011年1月8日《国务院关于废止和修改部分行政法规的决定》第一次修订 根据2014年7月29日《国务院关于修改部分行政法规的决定》第二次修订 2021年7月2日中华人民共和国国务院令第743号第三次修订）

第一章 总 则

第一条 根据《中华人民共和国土地管理法》（以下简称《土地管理法》），制定本条例。

第二章　国土空间规划

第二条　国家建立国土空间规划体系。

土地开发、保护、建设活动应当坚持规划先行。经依法批准的国土空间规划是各类开发、保护、建设活动的基本依据。

已经编制国土空间规划的,不再编制土地利用总体规划和城乡规划。在编制国土空间规划前,经依法批准的土地利用总体规划和城乡规划继续执行。

第三条　国土空间规划应当细化落实国家发展规划提出的国土空间开发保护要求,统筹布局农业、生态、城镇等功能空间,划定落实永久基本农田、生态保护红线和城镇开发边界。

国土空间规划应当包括国土空间开发保护格局和规划用地布局、结构、用途管制要求等内容,明确耕地保有量、建设用地规模、禁止开垦的范围等要求,统筹基础设施和公共设施用地布局,综合利用地上地下空间,合理确定并严格控制新增建设用地规模,提高土地节约集约利用水平,保障土地的可持续利用。

第四条　土地调查应当包括下列内容:

(一)土地权属以及变化情况;

(二)土地利用现状以及变化情况;

(三)土地条件。

全国土地调查成果,报国务院批准后向社会公布。地方土地调查成果,经本级人民政府审核,报上一级人民政府批准后向社会公布。全国土地调查成果公布后,县级以上地方人民政府方可自上而下逐级依次公布本行政区域的土地调查成果。

土地调查成果是编制国土空间规划以及自然资源管理、保护和利用的重要依据。

土地调查技术规程由国务院自然资源主管部门会同有关部门制定。

第五条　国务院自然资源主管部门会同有关部门制定土地等级评定标准。

县级以上人民政府自然资源主管部门应当会同有关部门根据土地等级评定标准,对土地等级进行评定。地方土地等级评定结果经本级人民政府审核,报上一级人民政府自然资源主管部门批准后向社会公布。

根据国民经济和社会发展状况,土地等级每五年重新评定一次。

第六条　县级以上人民政府自然资源主管部门应当加强信息化建设,建立统一的国土空间基础信息平台,实行土地管理全流程信息化管理,对土地利用状况进行动态监测,与发展改革、住房和城乡建设等有关部门建立土地管理信息共享机制,依法公开土地管理信息。

第七条　县级以上人民政府自然资源主管部门应当加强地籍管理,建立健全地籍数据库。

第三章　耕地保护

第八条　国家实行占用耕地补偿制度。在国土空间规划确定的城市和村庄、集镇建设用地范围内经依法批准占用耕地,以及在国土空间规划确定的城市和村庄、集镇建设用地范围外的能源、交通、水利、矿山、军事设施等建设项目经依法批准占用耕地的,分别由县级人民政府、农村集体经济组织和建设单位负责开垦与所占用耕地的数量和质量相当的耕地;没有条件开垦或者开垦的耕地不符合要求的,应当按照省、自治区、直辖市的规定缴纳耕地开垦费,专款用于开垦新的耕地。

省、自治区、直辖市人民政府应当组织自然资源主管部门、农业农村主管部门对开垦的耕地进行验收,确保开垦的耕地落实到地块。划入永久基本农田的还应当纳入国家永久基本农田数据库严格管理。占用耕地补充情况应当按照国家有关规定向社会公布。

个别省、直辖市需要易地开垦耕地的，依照《土地管理法》第三十二条的规定执行。

第九条 禁止任何单位和个人在国土空间规划确定的禁止开垦的范围内从事土地开发活动。

按照国土空间规划，开发未确定土地使用权的国有荒山、荒地、荒滩从事种植业、林业、畜牧业、渔业生产的，应当向土地所在地的县级以上地方人民政府自然资源主管部门提出申请，按照省、自治区、直辖市规定的权限，由县级以上地方人民政府批准。

第十条 县级人民政府应当按照国土空间规划关于统筹布局农业、生态、城镇等功能空间的要求，制定土地整理方案，促进耕地保护和土地节约集约利用。

县、乡（镇）人民政府应当组织农村集体经济组织，实施土地整理方案，对闲散地和废弃地有计划地整治、改造。土地整理新增耕地，可以用作建设所占用耕地的补充。

鼓励社会主体依法参与土地整理。

第十一条 县级以上地方人民政府应当采取措施，预防和治理耕地土壤流失、污染，有计划地改造中低产田，建设高标准农田，提高耕地质量，保护黑土地等优质耕地，并依法对建设所占用耕地耕作层的土壤利用作出合理安排。

非农业建设依法占用永久基本农田的，建设单位应当按照省、自治区、直辖市的规定，将所占用耕地耕作层的土壤用于新开垦耕地、劣质地或者其他耕地的土壤改良。

县级以上地方人民政府应当加强对农业结构调整的引导和管理，防止破坏耕地耕作层；设施农业用地不再使用的，应当及时组织恢复种植条件。

第十二条 国家对耕地实行特殊保护，严守耕地保护红线，严格控制耕地转为林地、草地、园地等其他农用地，并建立耕地保护补偿制度，具体办法和耕地保护补偿实施步骤由国务院自然资源主管部门会同有关部门规定。

非农业建设必须节约使用土地,可以利用荒地的,不得占用耕地;可以利用劣地的,不得占用好地。禁止占用耕地建窑、建坟或者擅自在耕地上建房、挖砂、采石、采矿、取土等。禁止占用永久基本农田发展林果业和挖塘养鱼。

耕地应当优先用于粮食和棉、油、糖、蔬菜等农产品生产。按照国家有关规定需要将耕地转为林地、草地、园地等其他农用地的,应当优先使用难以长期稳定利用的耕地。

第十三条 省、自治区、直辖市人民政府对本行政区域耕地保护负总责,其主要负责人是本行政区域耕地保护的第一责任人。

省、自治区、直辖市人民政府应当将国务院确定的耕地保有量和永久基本农田保护任务分解下达,落实到具体地块。

国务院对省、自治区、直辖市人民政府耕地保护责任目标落实情况进行考核。

第四章 建设用地

第一节 一般规定

第十四条 建设项目需要使用土地的,应当符合国土空间规划、土地利用年度计划和用途管制以及节约资源、保护生态环境的要求,并严格执行建设用地标准,优先使用存量建设用地,提高建设用地使用效率。

从事土地开发利用活动,应当采取有效措施,防止、减少土壤污染,并确保建设用地符合土壤环境质量要求。

第十五条 各级人民政府应当依据国民经济和社会发展规划及年度计划、国土空间规划、国家产业政策以及城乡建设、土地利用的实际状况等,加强土地利用计划管理，实行建设用地总量控制，推动城乡存量建设用地开发利用，引导城镇低效用地再开发，落实建设用地标准控制制度，开展节约集约用地评价，推广应用节地技术和节地模式。

第十六条 县级以上地方人民政府自然资源主管部门应当将本级人民政府确定的年度建设用地供应总量、结构、时序、地块、用途等在政府网站上向社会公布，供社会公众查阅。

第十七条 建设单位使用国有土地，应当以有偿使用方式取得；但是，法律、行政法规规定可以以划拨方式取得的除外。

国有土地有偿使用的方式包括：

（一）国有土地使用权出让；

（二）国有土地租赁；

（三）国有土地使用权作价出资或者入股。

第十八条 国有土地使用权出让、国有土地租赁等应当依照国家有关规定通过公开的交易平台进行交易，并纳入统一的公共资源交易平台体系。除依法可以采取协议方式外，应当采取招标、拍卖、挂牌等竞争性方式确定土地使用者。

第十九条 《土地管理法》第五十五条规定的新增建设用地的土地有偿使用费，是指国家在新增建设用地中应取得的平均土地纯收益。

第二十条 建设项目施工、地质勘查需要临时使用土地的，应当尽量不占或者少占耕地。

临时用地由县级以上人民政府自然资源主管部门批准，期限一般不超过二年；建设周期较长的能源、交通、水利等基础设施建设使用的临时用地，期限不超过四年；法律、行政法规另有规定的除外。

土地使用者应当自临时用地期满之日起一年内完成土地复垦，使其达到可供利用状态，其中占用耕地的应当恢复种植条件。

第二十一条 抢险救灾、疫情防控等急需使用土地的，可以先行使用土地。

其中，属于临时用地的，用后应当恢复原状并交还原土地使用者使用，不再办理用地审批手续；属于永久性建设用地的，建设单位应当在不晚于应急处置工作结束六个月内申请补办建设用地审批手续。

第二十二条　具有重要生态功能的未利用地应当依法划入生态保护红线，实施严格保护。

建设项目占用国土空间规划确定的未利用地的，按照省、自治区、直辖市的规定办理。

第二节　农用地转用

第二十三条　在国土空间规划确定的城市和村庄、集镇建设用地范围内，为实施该规划而将农用地转为建设用地的，由市、县人民政府组织自然资源等部门拟订农用地转用方案，分批次报有批准权的人民政府批准。

农用地转用方案应当重点对建设项目安排、是否符合国土空间规划和土地利用年度计划以及补充耕地情况作出说明。

农用地转用方案经批准后，由市、县人民政府组织实施。

第二十四条　建设项目确需占用国土空间规划确定的城市和村庄、集镇建设用地范围外的农用地，涉及占用永久基本农田的，由国务院批准；不涉及占用永久基本农田的，由国务院或者国务院授权的省、自治区、直辖市人民政府批准。具体按照下列规定办理：

（一）建设项目批准、核准前或者备案前后，由自然资源主管部门对建设项目用地事项进行审查，提出建设项目用地预审意见。建设项目需要申请核发选址意见书的，应当合并办理建设项目用地预审与选址意见书，核发建设项目用地预审与选址意见书。

（二）建设单位持建设项目的批准、核准或者备案文件，向市、县人民政府提出建设用地申请。市、县人民政府组织自然资源等部门拟订农用地转用方案，报有批准权的人民政府批准；依法应当由国务院批准的，由省、自治区、直辖市人民政府审核后上报。农用地转用方案应当重点对是否符合国土空间规划和土地利用年度计划以及补充耕地情况作出说明，涉及占用永久基本农田的，还应当对占用永久基本农田的必要性、合理性和补划可行性作出说明。

（三）农用地转用方案经批准后，由市、县人民政府组织实施。

第二十五条 建设项目需要使用土地的，建设单位原则上应当一次申请，办理建设用地审批手续，确需分期建设的项目，可以根据可行性研究报告确定的方案，分期申请建设用地，分期办理建设用地审批手续。建设过程中用地范围确需调整的，应当依法办理建设用地审批手续。

农用地转用涉及征收土地的，还应当依法办理征收土地手续。

第三节 土地征收

第二十六条 需要征收土地，县级以上地方人民政府认为符合《土地管理法》第四十五条规定的，应当发布征收土地预公告，并开展拟征收土地现状调查和社会稳定风险评估。

征收土地预公告应当包括征收范围、征收目的、开展土地现状调查的安排等内容。征收土地预公告应当采用有利于社会公众知晓的方式，在拟征收土地所在的乡（镇）和村、村民小组范围内发布，预公告时间不少于十个工作日。自征收土地预公告发布之日起，任何单位和个人不得在拟征收范围内抢栽抢建；违反规定抢栽抢建的，对抢栽抢建部分不予补偿。

土地现状调查应当查明土地的位置、权属、地类、面积，以及农村村民住宅、其他地上附着物和青苗等的权属、种类、数量等情况。

社会稳定风险评估应当对征收土地的社会稳定风险状况进行综合研判，确定风险点,提出风险防范措施和处置预案。社会稳定风险评估应当有被征地的农村集体经济组织及其成员、村民委员会和其他利害关系人参加,评估结果是申请征收土地的重要依据。

第二十七条　县级以上地方人民政府应当依据社会稳定风险评估结果,结合土地现状调查情况,组织自然资源、财政、农业农村、人力资源和社会保障等有关部门拟定征地补偿安置方案。

征地补偿安置方案应当包括征收范围、土地现状、征收目的、补偿方式和标准、安置对象、安置方式、社会保障等内容。

第二十八条　征地补偿安置方案拟定后,县级以上地方人民政府应当在拟征收土地所在的乡(镇)和村、村民小组范围内公告,公告时间不少于三十日。

征地补偿安置公告应当同时载明办理补偿登记的方式和期限、异议反馈渠道等内容。

多数被征地的农村集体经济组织成员认为拟定的征地补偿安置方案不符合法律、法规规定的,县级以上地方人民政府应当组织听证。

第二十九条　县级以上地方人民政府根据法律、法规规定和听证会等情况确定征地补偿安置方案后,应当组织有关部门与拟征收土地的所有权人、使用权人签订征地补偿安置协议。征地补偿安置协议示范文本由省、自治区、直辖市人民政府制定。

对个别确实难以达成征地补偿安置协议的,县级以上地方人民政府应当在申请征收土地时如实说明。

第三十条　县级以上地方人民政府完成本条例规定的征地前期工作后,方可提出征收土地申请,依照《土地管理法》第四十六条的规定报有批准权的人民政府批准。

有批准权的人民政府应当对征收土地的必要性、合理性、是否符合《土地管理法》第四十五条规定的为了公共利益确需征收土地的情形以及是否符合法定程序进行审查。

第三十一条 征收土地申请经依法批准后,县级以上地方人民政府应当自收到批准文件之日起十五个工作日内在拟征收土地所在的乡(镇)和村、村民小组范围内发布征收土地公告,公布征收范围、征收时间等具体工作安排,对个别未达成征地补偿安置协议的应当作出征地补偿安置决定,并依法组织实施。

第三十二条 省、自治区、直辖市应当制定公布区片综合地价,确定征收农用地的土地补偿费、安置补助费标准,并制定土地补偿费、安置补助费分配办法。

地上附着物和青苗等的补偿费用,归其所有权人所有。

社会保障费用主要用于符合条件的被征地农民的养老保险等社会保险缴费补贴,按照省、自治区、直辖市的规定单独列支。

申请征收土地的县级以上地方人民政府应当及时落实土地补偿费、安置补助费、农村村民住宅以及其他地上附着物和青苗等的补偿费用、社会保障费用等,并保证足额到位,专款专用。有关费用未足额到位的,不得批准征收土地。

第四节　宅基地管理

第三十三条 农村居民点布局和建设用地规模应当遵循节约集约、因地制宜的原则合理规划。县级以上地方人民政府应当按照国家规定安排建设用地指标,合理保障本行政区域农村村民宅基地需求。

乡(镇)、县、市国土空间规划和村庄规划应当统筹考虑农村村民生产、生活需求,突出节约集约用地导向,科学划定宅基地范围。

第三十四条 农村村民申请宅基地的,应当以户为单位向农村集体经济组织提出申请;没有设立农村集体经济组织的,应当向所在的村民小组或者村民委员会提出申请。宅基地申请依法经农村村民集体讨论通过并在本集体范围内公示后,报乡(镇)人民政府审核批准。

涉及占用农用地的,应当依法办理农用地转用审批手续。

第三十五条 国家允许进城落户的农村村民依法自愿有偿退出宅基地。乡(镇)人民政府和农村集体经济组织、村民委员会等应当将退出的宅基地优先用于保障该农村集体经济组织成员的宅基地需求。

第三十六条 依法取得的宅基地和宅基地上的农村村民住宅及其附属设施受法律保护。

禁止违背农村村民意愿强制流转宅基地,禁止违法收回农村村民依法取得的宅基地,禁止以退出宅基地作为农村村民进城落户的条件,禁止强迫农村村民搬迁退出宅基地。

第五节 集体经营性建设用地管理

第三十七条 国土空间规划应当统筹并合理安排集体经营性建设用地布局和用途,依法控制集体经营性建设用地规模,促进集体经营性建设用地的节约集约利用。

鼓励乡村重点产业和项目使用集体经营性建设用地。

第三十八条 国土空间规划确定为工业、商业等经营性用途,且已依法办理土地所有权登记的集体经营性建设用地,土地所有权人可以通过出让、出租等方式交由单位或者个人在一定年限内有偿使用。

第三十九条 土地所有权人拟出让、出租集体经营性建设用地的,市、县人民政府自然资源主管部门应当依据国土空间规划提出拟出让、出租的集体经营性建设用地的规划条件,明确土地界址、面积、用途和开发建设强度等。

市、县人民政府自然资源主管部门应当会同有关部门提出产业准入和生态环境保护要求。

第四十条 土地所有权人应当依据规划条件、产业准入和生态环境保护要求等，编制集体经营性建设用地出让、出租等方案，并依照《土地管理法》第六十三条的规定，由本集体经济组织形成书面意见，在出让、出租前不少于十个工作日报市、县人民政府。市、县人民政府认为该方案不符合规划条件或者产业准入和生态环境保护要求等的，应当在收到方案后五个工作日内提出修改意见。土地所有权人应当按照市、县人民政府的意见进行修改。

集体经营性建设用地出让、出租等方案应当载明宗地的土地界址、面积、用途、规划条件、产业准入和生态环境保护要求、使用期限、交易方式、入市价格、集体收益分配安排等内容。

第四十一条 土地所有权人应当依据集体经营性建设用地出让、出租等方案，以招标、拍卖、挂牌或者协议等方式确定土地使用者，双方应当签订书面合同，载明土地界址、面积、用途、规划条件、使用期限、交易价款支付、交地时间和开工竣工期限、产业准入和生态环境保护要求，约定提前收回的条件、补偿方式、土地使用权届满续期和地上建筑物、构筑物等附着物处理方式，以及违约责任和解决争议的方法等，并报市、县人民政府自然资源主管部门备案。未依法将规划条件、产业准入和生态环境保护要求纳入合同的，合同无效；造成损失的，依法承担民事责任。合同示范文本由国务院自然资源主管部门制定。

第四十二条 集体经营性建设用地使用者应当按照约定及时支付集体经营性建设用地价款，并依法缴纳相关税费，对集体经营性建设用地使用权以及依法利用集体经营性建设用地建造的建筑物、构筑物及其附属设施的所有权，依法申请办理不动产登记。

第四十三条 通过出让等方式取得的集体经营性建设用地使用权依法转让、互换、出资、赠与或者抵押的，双方应当签订书面合同，并书面通知土地所有权人。

集体经营性建设用地的出租，集体建设用地使用权的出让及其最高年限、转让、互换、出资、赠与、抵押等，参照同类用途的国有建设用地执行，法律、行政法规另有规定的除外。

第五章 监督检查

第四十四条 国家自然资源督察机构根据授权对省、自治区、直辖市人民政府以及国务院确定的城市人民政府下列土地利用和土地管理情况进行督察:

(一)耕地保护情况;

(二)土地节约集约利用情况;

(三)国土空间规划编制和实施情况;

(四)国家有关土地管理重大决策落实情况;

(五)土地管理法律、行政法规执行情况;

(六)其他土地利用和土地管理情况。

第四十五条 国家自然资源督察机构进行督察时,有权向有关单位和个人了解督察事项有关情况,有关单位和个人应当支持、协助督察机构工作,如实反映情况,并提供有关材料。

第四十六条 被督察的地方人民政府违反土地管理法律、行政法规,或者落实国家有关土地管理重大决策不力的,国家自然资源督察机构可以向被督察的地方人民政府下达督察意见书,地方人民政府应当认真组织整改,并及时报告整改情况;国家自然资源督察机构可以约谈被督察的地方人民政府有关负责人,并可以依法向监察机关、任免机关等有关机关提出追究相关责任人责任的建议。

第四十七条 土地管理监督检查人员应当经过培训,经考核合格,取得行政执法证件后,方可从事土地管理监督检查工作。

第四十八条 自然资源主管部门、农业农村主管部门按照职责分工进行监督检查时,可以采取下列措施:

(一)询问违法案件涉及的单位或者个人;

(二)进入被检查单位或者个人涉嫌土地违法的现场进行拍照、摄像;

(三)责令当事人停止正在进行的土地违法行为;

(四)对涉嫌土地违法的单位或者个人,在调查期间暂停办理与该违法案件相关的土地审批、登记等手续;

(五)对可能被转移、销毁、隐匿或者篡改的文件、资料予以封存,责令涉嫌土地违法的单位或者个人在调查期间不得变卖、转移与案件有关的财物;

(六)《土地管理法》第六十八条规定的其他监督检查措施。

第四十九条 依照《土地管理法》第七十三条的规定给予处分的,应当按照管理权限由责令作出行政处罚决定或者直接给予行政处罚的上级人民政府自然资源主管部门或者其他任免机关、单位作出。

第五十条 县级以上人民政府自然资源主管部门应当会同有关部门建立信用监管、动态巡查等机制,加强对建设用地供应交易和供后开发利用的监管,对建设用地市场重大失信行为依法实施惩戒,并依法公开相关信息。

第六章 法律责任

第五十一条 违反《土地管理法》第三十七条的规定,非法占用永久基本农田发展林果业或者挖塘养鱼的,由县级以上人民政府自然资源主管部门责令限期改正;逾期不改正的,按占用面积处耕地开垦费2倍以上5倍以下的罚款;破坏种植条件的,依照《土地管理法》第七十五条的规定处罚。

第五十二条 违反《土地管理法》第五十七条的规定,在临时使用的土地上修建永久性建筑物的,由县级以上人民政府自然资源主管部门责令限期拆除,按占用面积处土地复垦费5倍以上10倍以下的罚款;逾期不拆除的,由作出行政决定的机关依法申请人民法院强制执行。

第五十三条 违反《土地管理法》第六十五条的规定,对建筑物、构筑物进行重建、扩建的，由县级以上人民政府自然资源主管部门责令限期拆除；逾期不拆除的，由作出行政决定的机关依法申请人民法院强制执行。

第五十四条　依照《土地管理法》第七十四条的规定处以罚款的，罚款额为违法所得的10%以上50%以下。

第五十五条　依照《土地管理法》第七十五条的规定处以罚款的，罚款额为耕地开垦费的5倍以上10倍以下；破坏黑土地等优质耕地的，从重处罚。

第五十六条　依照《土地管理法》第七十六条的规定处以罚款的，罚款额为土地复垦费的2倍以上5倍以下。

违反本条例规定，临时用地期满之日起一年内未完成复垦或者未恢复种植条件的，由县级以上人民政府自然资源主管部门责令限期改正，依照《土地管理法》第七十六条的规定处罚，并由县级以上人民政府自然资源主管部门会同农业农村主管部门代为完成复垦或者恢复种植条件。

第五十七条　依照《土地管理法》第七十七条的规定处以罚款的，罚款额为非法占用土地每平方米100元以上1000元以下。

违反本条例规定，在国土空间规划确定的禁止开垦的范围内从事土地开发活动的，由县级以上人民政府自然资源主管部门责令限期改正，并依照《土地管理法》第七十七条的规定处罚。

第五十八条　依照《土地管理法》第七十四条、第七十七条的规定，县级以上人民政府自然资源主管部门没收在非法转让或者非法占用的土地上新建的建筑物和其他设施的，应当于九十日内交由本级人民政府或者其指定的部门依法管理和处置。

第五十九条　依照《土地管理法》第八十一条的规定处以罚款的，罚款额为非法占用土地每平方米100元以上500元以下。

第六十条　依照《土地管理法》第八十二条的规定处以罚款的，罚款额为违法所得的10%以上30%以下。

第六十一条 阻碍自然资源主管部门、农业农村主管部门的工作人员依法执行职务，构成违反治安管理行为的，依法给予治安管理处罚。

第六十二条 违反土地管理法律、法规规定，阻挠国家建设征收土地的，由县级以上地方人民政府责令交出土地；拒不交出土地的，依法申请人民法院强制执行。

第六十三条 违反本条例规定，侵犯农村村民依法取得的宅基地权益的，责令限期改正，对有关责任单位通报批评、给予警告；造成损失的，依法承担赔偿责任；对直接负责的主管人员和其他直接责任人员，依法给予处分。

第六十四条 贪污、侵占、挪用、私分、截留、拖欠征地补偿安置费用和其他有关费用的，责令改正，追回有关款项，限期退还违法所得，对有关责任单位通报批评、给予警告；造成损失的，依法承担赔偿责任；对直接负责的主管人员和其他直接责任人员，依法给予处分。

第六十五条 各级人民政府及自然资源主管部门、农业农村主管部门工作人员玩忽职守、滥用职权、徇私舞弊的，依法给予处分。

第六十六条 违反本条例规定，构成犯罪的，依法追究刑事责任。

第七章　附　　则

第六十七条 本条例自2021年9月1日起施行。

中华人民共和国农村土地承包法

（2002年8月29日第九届全国人民代表大会常务委员会第二十九次会议通过　2002年8月29日中华人民共和国主席令第七十三号公布　根据2009年8月27日第十一届全国人民代表大会常务委员会第十次会议《关于修改部分法律的决定》第一次修正　根据2018年12月29日第十三届全国人民代表大会常务委员会第七次会议《关于修改〈中华人民共和国农村土地承包法〉的决定》第二次修正）

第一章　总　　则

第一条　为了巩固和完善以家庭承包经营为基础、统分结合的双层经营体制，保持农村土地承包关系稳定并长久不变，维护农村土地承包经营当事人的合法权益，促进农业、农村经济发展和农村社会和谐稳定，根据宪法，制定本法。

第二条　本法所称农村土地，是指农民集体所有和国家所有依法由农民集体使用的耕地、林地、草地，以及其他依法用于农业的土地。

第三条　国家实行农村土地承包经营制度。

农村土地承包采取农村集体经济组织内部的家庭承包方式，不宜采取家庭承包方式的荒山、荒沟、荒丘、荒滩等农村土地，可以采取招标、拍卖、公开协商等方式承包。

第四条 农村土地承包后,土地的所有权性质不变。承包地不得买卖。

第五条 农村集体经济组织成员有权依法承包由本集体经济组织发包的农村土地。

任何组织和个人不得剥夺和非法限制农村集体经济组织成员承包土地的权利。

第六条 农村土地承包,妇女与男子享有平等的权利。承包中应当保护妇女的合法权益,任何组织和个人不得剥夺、侵害妇女应当享有的土地承包经营权。

第七条 农村土地承包应当坚持公开、公平、公正的原则,正确处理国家、集体、个人三者的利益关系。

第八条 国家保护集体土地所有者的合法权益,保护承包方的土地承包经营权,任何组织和个人不得侵犯。

第九条 承包方承包土地后,享有土地承包经营权,可以自己经营,也可以保留土地承包权,流转其承包地的土地经营权,由他人经营。

第十条 国家保护承包方依法、自愿、有偿流转土地经营权,保护土地经营权人的合法权益,任何组织和个人不得侵犯。

第十一条 农村土地承包经营应当遵守法律、法规,保护土地资源的合理开发和可持续利用。未经依法批准不得将承包地用于非农建设。

国家鼓励增加对土地的投入,培肥地力,提高农业生产能力。

第十二条 国务院农业农村、林业和草原主管部门分别依照国务院规定的职责负责全国农村土地承包经营及承包经营合同管理的指导。

县级以上地方人民政府农业农村、林业和草原等主管部门分别依照各自职责,负责本行政区域内农村土地承包经营及承包经营合同管理。

乡(镇)人民政府负责本行政区域内农村土地承包经营及承包经营合同

管理。

第二章 家庭承包

第一节 发包方和承包方的权利和义务

第十三条 农民集体所有的土地依法属于村农民集体所有的,由村集体经济组织或者村民委员会发包;已经分别属于村内两个以上农村集体经济组织的农民集体所有的,由村内各该农村集体经济组织或者村民小组发包。村集体经济组织或者村民委员会发包的,不得改变村内各集体经济组织农民集体所有的土地的所有权。

国家所有依法由农民集体使用的农村土地,由使用该土地的农村集体经济组织、村民委员会或者村民小组发包。

第十四条 发包方享有下列权利:

(一)发包本集体所有的或者国家所有依法由本集体使用的农村土地;

(二)监督承包方依照承包合同约定的用途合理利用和保护土地;

(三)制止承包方损害承包地和农业资源的行为;

(四)法律、行政法规规定的其他权利。

第十五条 发包方承担下列义务:

(一)维护承包方的土地承包经营权,不得非法变更、解除承包合同;

(二)尊重承包方的生产经营自主权,不得干涉承包方依法进行正常的生产经营活动;

(三)依照承包合同约定为承包方提供生产、技术、信息等服务;

(四)执行县、乡(镇)土地利用总体规划,组织本集体经济组织内的农业基础设施建设;

（五）法律、行政法规规定的其他义务。

第十六条 家庭承包的承包方是本集体经济组织的农户。

农户内家庭成员依法平等享有承包土地的各项权益。

第十七条 承包方享有下列权利：

（一）依法享有承包地使用、收益的权利，有权自主组织生产经营和处置产品；

（二）依法互换、转让土地承包经营权；

（三）依法流转土地经营权；

（四）承包地被依法征收、征用、占用的，有权依法获得相应的补偿；

（五）法律、行政法规规定的其他权利。

第十八条 承包方承担下列义务：

（一）维持土地的农业用途，未经依法批准不得用于非农建设；

（二）依法保护和合理利用土地，不得给土地造成永久性损害；

（三）法律、行政法规规定的其他义务。

第二节 承包的原则和程序

第十九条 土地承包应当遵循以下原则：

（一）按照规定统一组织承包时，本集体经济组织成员依法平等地行使承包土地的权利，也可以自愿放弃承包土地的权利；

（二）民主协商，公平合理；

（三）承包方案应当按照本法第十三条的规定，依法经本集体经济组织成员的村民会议三分之二以上成员或者三分之二以上村民代表的同意；

（四）承包程序合法。

第二十条 土地承包应当按照以下程序进行：

（一）本集体经济组织成员的村民会议选举产生承包工作小组；

（二）承包工作小组依照法律、法规的规定拟订并公布承包方案；

（三）依法召开本集体经济组织成员的村民会议，讨论通过承包方案；

（四）公开组织实施承包方案；

（五）签订承包合同。

第三节　承包期限和承包合同

第二十一条　耕地的承包期为三十年。草地的承包期为三十年至五十年。林地的承包期为三十年至七十年。

前款规定的耕地承包期届满后再延长三十年，草地、林地承包期届满后依照前款规定相应延长。

第二十二条　发包方应当与承包方签订书面承包合同。

承包合同一般包括以下条款：

（一）发包方、承包方的名称，发包方负责人和承包方代表的姓名、住所；

（二）承包土地的名称、坐落、面积、质量等级；

（三）承包期限和起止日期；

（四）承包土地的用途；

（五）发包方和承包方的权利和义务；

（六）违约责任。

第二十三条　承包合同自成立之日起生效。承包方自承包合同生效时取得土地承包经营权。

第二十四条　国家对耕地、林地和草地等实行统一登记，登记机构应当向承包方颁发土地承包经营权证或者林权证等证书，并登记造册，确认土地承包经营权。

土地承包经营权证或者林权证等证书应当将具有土地承包经营权的全部家庭成员列入。

登记机构除按规定收取证书工本费外,不得收取其他费用。

第二十五条 承包合同生效后,发包方不得因承办人或者负责人的变动而变更或者解除,也不得因集体经济组织的分立或者合并而变更或者解除。

第二十六条 国家机关及其工作人员不得利用职权干涉农村土地承包或者变更、解除承包合同。

第四节 土地承包经营权的保护和互换、转让

第二十七条 承包期内,发包方不得收回承包地。

国家保护进城农户的土地承包经营权。不得以退出土地承包经营权作为农户进城落户的条件。

承包期内,承包农户进城落户的,引导支持其按照自愿有偿原则依法在本集体经济组织内转让土地承包经营权或者将承包地交回发包方,也可以鼓励其流转土地经营权。

承包期内,承包方交回承包地或者发包方依法收回承包地时,承包方对其在承包地上投入而提高土地生产能力的,有权获得相应的补偿。

第二十八条 承包期内,发包方不得调整承包地。

承包期内,因自然灾害严重毁损承包地等特殊情形对个别农户之间承包的耕地和草地需要适当调整的,必须经本集体经济组织成员的村民会议三分之二以上成员或者三分之二以上村民代表的同意,并报乡(镇)人民政府和县级人民政府农业农村、林业和草原等主管部门批准。承包合同中约定不得调整的,按照其约定。

第二十九条 下列土地应当用于调整承包土地或者承包给新增人口:

（一）集体经济组织依法预留的机动地；

（二）通过依法开垦等方式增加的；

（三）发包方依法收回和承包方依法、自愿交回的。

第三十条　承包期内，承包方可以自愿将承包地交回发包方。承包方自愿交回承包地的，可以获得合理补偿，但是应当提前半年以书面形式通知发包方。承包方在承包期内交回承包地的，在承包期内不得再要求承包土地。

第三十一条　承包期内，妇女结婚，在新居住地未取得承包地的，发包方不得收回其原承包地；妇女离婚或者丧偶，仍在原居住地生活或者不在原居住地生活但在新居住地未取得承包地的，发包方不得收回其原承包地。

第三十二条　承包人应得的承包收益，依照继承法的规定继承。

林地承包的承包人死亡，其继承人可以在承包期内继续承包。

第三十三条　承包方之间为方便耕种或者各自需要，可以对属于同一集体经济组织的土地的土地承包经营权进行互换，并向发包方备案。

第三十四条　经发包方同意，承包方可以将全部或者部分的土地承包经营权转让给本集体经济组织的其他农户，由该农户同发包方确立新的承包关系，原承包方与发包方在该土地上的承包关系即行终止。

第三十五条　土地承包经营权互换、转让的，当事人可以向登记机构申请登记。未经登记，不得对抗善意第三人。

第五节　土地经营权

第三十六条　承包方可以自主决定依法采取出租（转包）、入股或者其他方式向他人流转土地经营权，并向发包方备案。

第三十七条　土地经营权人有权在合同约定的期限内占有农村土地，自主开展农业生产经营并取得收益。

第三十八条 土地经营权流转应当遵循以下原则：

（一）依法、自愿、有偿，任何组织和个人不得强迫或者阻碍土地经营权流转；

（二）不得改变土地所有权的性质和土地的农业用途，不得破坏农业综合生产能力和农业生态环境；

（三）流转期限不得超过承包期的剩余期限；

（四）受让方须有农业经营能力或者资质；

（五）在同等条件下，本集体经济组织成员享有优先权。

第三十九条 土地经营权流转的价款，应当由当事人双方协商确定。流转的收益归承包方所有，任何组织和个人不得擅自截留、扣缴。

第四十条 土地经营权流转，当事人双方应当签订书面流转合同。

土地经营权流转合同一般包括以下条款：

（一）双方当事人的姓名、住所；

（二）流转土地的名称、坐落、面积、质量等级；

（三）流转期限和起止日期；

（四）流转土地的用途；

（五）双方当事人的权利和义务；

（六）流转价款及支付方式；

（七）土地被依法征收、征用、占用时有关补偿费的归属；

（八）违约责任。

承包方将土地交由他人代耕不超过一年的，可以不签订书面合同。

第四十一条 土地经营权流转期限为五年以上的，当事人可以向登记机构申请土地经营权登记。未经登记，不得对抗善意第三人。

第四十二条 承包方不得单方解除土地经营权流转合同，但受让方有下列情形之一的除外：

（一）擅自改变土地的农业用途；

（二）弃耕抛荒连续两年以上；

（三）给土地造成严重损害或者严重破坏土地生态环境；

（四）其他严重违约行为。

第四十三条 经承包方同意，受让方可以依法投资改良土壤，建设农业生产附属、配套设施，并按照合同约定对其投资部分获得合理补偿。

第四十四条 承包方流转土地经营权的，其与发包方的承包关系不变。

第四十五条 县级以上地方人民政府应当建立工商企业等社会资本通过流转取得土地经营权的资格审查、项目审核和风险防范制度。

工商企业等社会资本通过流转取得土地经营权的，本集体经济组织可以收取适量管理费用。

具体办法由国务院农业农村、林业和草原主管部门规定。

第四十六条 经承包方书面同意，并向本集体经济组织备案，受让方可以再流转土地经营权。

第四十七条 承包方可以用承包地的土地经营权向金融机构融资担保，并向发包方备案。受让方通过流转取得的土地经营权，经承包方书面同意并向发包方备案，可以向金融机构融资担保。

担保物权自融资担保合同生效时设立。当事人可以向登记机构申请登记；未经登记，不得对抗善意第三人。

实现担保物权时，担保物权人有权就土地经营权优先受偿。

土地经营权融资担保办法由国务院有关部门规定。

第三章 其他方式的承包

第四十八条 不宜采取家庭承包方式的荒山、荒沟、荒丘、荒滩等农村土地，通过招标、拍卖、公开协商等方式承包的，适用本章规定。

第四十九条 以其他方式承包农村土地的,应当签订承包合同,承包方取得土地经营权。当事人的权利和义务、承包期限等,由双方协商确定。以招标、拍卖方式承包的,承包费通过公开竞标、竞价确定;以公开协商等方式承包的,承包费由双方议定。

第五十条 荒山、荒沟、荒丘、荒滩等可以直接通过招标、拍卖、公开协商等方式实行承包经营,也可以将土地经营权折股分给本集体经济组织成员后,再实行承包经营或者股份合作经营。

承包荒山、荒沟、荒丘、荒滩的,应当遵守有关法律、行政法规的规定,防止水土流失,保护生态环境。

第五十一条 以其他方式承包农村土地,在同等条件下,本集体经济组织成员有权优先承包。

第五十二条 发包方将农村土地发包给本集体经济组织以外的单位或者个人承包,应当事先经本集体经济组织成员的村民会议三分之二以上成员或者三分之二以上村民代表的同意,并报乡(镇)人民政府批准。

由本集体经济组织以外的单位或者个人承包的,应当对承包方的资信情况和经营能力进行审查后,再签订承包合同。

第五十三条 通过招标、拍卖、公开协商等方式承包农村土地,经依法登记取得权属证书的,可以依法采取出租、入股、抵押或者其他方式流转土地经营权。

第五十四条 依照本章规定通过招标、拍卖、公开协商等方式取得土地经营权的,该承包人死亡,其应得的承包收益,依照继承法的规定继承;在承包期内,其继承人可以继续承包。

第四章 争议的解决和法律责任

第五十五条 因土地承包经营发生纠纷的,双方当事人可以通过协商解决,也可以请求村民委员会、乡(镇)人民政府等调解解决。

当事人不愿协商、调解或者协商、调解不成的,可以向农村土地承包仲裁机构申请仲裁,也可以直接向人民法院起诉。

第五十六条　任何组织和个人侵害土地承包经营权、土地经营权的,应当承担民事责任。

第五十七条　发包方有下列行为之一的,应当承担停止侵害、排除妨碍、消除危险、返还财产、恢复原状、赔偿损失等民事责任:

(一)干涉承包方依法享有的生产经营自主权;

(二)违反本法规定收回、调整承包地;

(三)强迫或者阻碍承包方进行土地承包经营权的互换、转让或者土地经营权流转;

(四)假借少数服从多数强迫承包方放弃或者变更土地承包经营权;

(五)以划分"口粮田"和"责任田"等为由收回承包地搞招标承包;

(六)将承包地收回抵顶欠款;

(七)剥夺、侵害妇女依法享有的土地承包经营权;

(八)其他侵害土地承包经营权的行为。

第五十八条　承包合同中违背承包方意愿或者违反法律、行政法规有关不得收回、调整承包地等强制性规定的约定无效。

第五十九条　当事人一方不履行合同义务或者履行义务不符合约定的,应当依法承担违约责任。

第六十条　任何组织和个人强迫进行土地承包经营权互换、转让或者土地经营权流转的,该互换、转让或者流转无效。

第六十一条　任何组织和个人擅自截留、扣缴土地承包经营权互换、转让或者土地经营权流转收益的,应当退还。

第六十二条　违反土地管理法规,非法征收、征用、占用土地或者贪污、挪用土地征收、征用补偿费用,构成犯罪的,依法追究刑事责任;造成他人损害的,应当承担损害赔偿等责任。

第六十三条 承包方、土地经营权人违法将承包地用于非农建设的,由县级以上地方人民政府有关主管部门依法予以处罚。

承包方给承包地造成永久性损害的,发包方有权制止,并有权要求赔偿由此造成的损失。

第六十四条 土地经营权人擅自改变土地的农业用途、弃耕抛荒连续两年以上、给土地造成严重损害或者严重破坏土地生态环境,承包方在合理期限内不解除土地经营权流转合同的,发包方有权要求终止土地经营权流转合同。土地经营权人对土地和土地生态环境造成的损害应当予以赔偿。

第六十五条 国家机关及其工作人员有利用职权干涉农村土地承包经营,变更、解除承包经营合同,干涉承包经营当事人依法享有的生产经营自主权,强迫、阻碍承包经营当事人进行土地承包经营权互换、转让或者土地经营权流转等侵害土地承包经营权、土地经营权的行为,给承包经营当事人造成损失的,应当承担损害赔偿等责任;情节严重的,由上级机关或者所在单位给予直接责任人员处分;构成犯罪的,依法追究刑事责任。

第五章　附　　则

第六十六条 本法实施前已经按照国家有关农村土地承包的规定承包,包括承包期限长于本法规定的,本法实施后继续有效,不得重新承包土地。未向承包方颁发土地承包经营权证或者林权证等证书的,应当补发证书。

第六十七条 本法实施前已经预留机动地的,机动地面积不得超过本集体经济组织耕地总面积的百分之五。不足百分之五的,不得再增加机动地。

本法实施前未留机动地的,本法实施后不得再留机动地。

第六十八条 各省、自治区、直辖市人民代表大会常务委员会可以根据本法,结合本行政区域的实际情况,制定实施办法。

第六十九条 确认农村集体经济组织成员身份的原则、程序等,由法律、法规规定。

第七十条 本法自2003年3月1日起施行。

中华人民共和国耕地占用税法

(2018年12月29日第十三届全国人民代表大会常务委员会第七次会议通过)

第一条 为了合理利用土地资源,加强土地管理,保护耕地,制定本法。

第二条 在中华人民共和国境内占用耕地建设建筑物、构筑物或者从事非农业建设的单位和个人,为耕地占用税的纳税人,应当依照本法规定缴纳耕地占用税。

占用耕地建设农田水利设施的,不缴纳耕地占用税。

本法所称耕地,是指用于种植农作物的土地。

第三条 耕地占用税以纳税人实际占用的耕地面积为计税依据,按照规定的适用税额一次性征收,应纳税额为纳税人实际占用的耕地面积(平方米)乘以适用税额。

第四条 耕地占用税的税额如下:

(一)人均耕地不超过一亩的地区(以县、自治县、不设区的市、市辖区为单

位,下同),每平方米为十元至五十元;

(二)人均耕地超过一亩但不超过二亩的地区,每平方米为八元至四十元;

(三)人均耕地超过二亩但不超过三亩的地区,每平方米为六元至三十元;

(四)人均耕地超过三亩的地区,每平方米为五元至二十五元。

各地区耕地占用税的适用税额,由省、自治区、直辖市人民政府根据人均耕地面积和经济发展等情况,在前款规定的税额幅度内提出,报同级人民代表大会常务委员会决定,并报全国人民代表大会常务委员会和国务院备案。各省、自治区、直辖市耕地占用税适用税额的平均水平,不得低于本法所附《各省、自治区、直辖市耕地占用税平均税额表》规定的平均税额。

第五条 在人均耕地低于零点五亩的地区,省、自治区、直辖市可以根据当地经济发展情况,适当提高耕地占用税的适用税额,但提高的部分不得超过本法第四条第二款确定的适用税额的百分之五十。具体适用税额按照本法第四条第二款规定的程序确定。

第六条 占用基本农田的,应当按照本法第四条第二款或者第五条确定的当地适用税额,加按百分之一百五十征收。

第七条 军事设施、学校、幼儿园、社会福利机构、医疗机构占用耕地,免征耕地占用税。

铁路线路、公路线路、飞机场跑道、停机坪、港口、航道、水利工程占用耕地,减按每平方米二元的税额征收耕地占用税。

农村居民在规定用地标准以内占用耕地新建自用住宅,按照当地适用税额减半征收耕地占用税;其中农村居民经批准搬迁,新建自用住宅占用耕地不超过原宅基地面积的部分,免征耕地占用税。

农村烈士遗属、因公牺牲军人遗属、残疾军人以及符合农村最低生活保障条件的农村居民,在规定用地标准以内新建自用住宅,免征耕地占用税。

根据国民经济和社会发展的需要,国务院可以规定免征或者减征耕地占用税的其他情形,报全国人民代表大会常务委员会备案。

第八条　依照本法第七条第一款、第二款规定免征或者减征耕地占用税后,纳税人改变原占地用途,不再属于免征或者减征耕地占用税情形的,应当按照当地适用税额补缴耕地占用税。

第九条　耕地占用税由税务机关负责征收。

第十条　耕地占用税的纳税义务发生时间为纳税人收到自然资源主管部门办理占用耕地手续的书面通知的当日。纳税人应当自纳税义务发生之日起三十日内申报缴纳耕地占用税。

自然资源主管部门凭耕地占用税完税凭证或者免税凭证和其他有关文件发放建设用地批准书。

第十一条　纳税人因建设项目施工或者地质勘查临时占用耕地,应当依照本法的规定缴纳耕地占用税。纳税人在批准临时占用耕地期满之日起一年内依法复垦,恢复种植条件的,全额退还已经缴纳的耕地占用税。

第十二条　占用园地、林地、草地、农田水利用地、养殖水面、渔业水域滩涂以及其他农用地建设建筑物、构筑物或者从事非农业建设的,依照本法的规定缴纳耕地占用税。

占用前款规定的农用地的,适用税额可以适当低于本地区按照本法第四条第二款确定的适用税额,但降低的部分不得超过百分之五十。具体适用税额由省、自治区、直辖市人民政府提出,报同级人民代表大会常务委员会决定,并报全国人民代表大会常务委员会和国务院备案。

占用本条第一款规定的农用地建设直接为农业生产服务的生产设施的,不缴纳耕地占用税。

第十三条　税务机关应当与相关部门建立耕地占用税涉税信息共享机制和工作配合机制。县级以上地方人民政府自然资源、农业农村、水利等相关部门应当定期向税务机关提供农用地转用、临时占地等信息,协助税务机关加强耕地占用税征收管理。

税务机关发现纳税人的纳税申报数据资料异常或者纳税人未按照规定期限申报纳税的，可以提请相关部门进行复核，相关部门应当自收到税务机关复核申请之日起三十日内向税务机关出具复核意见。

第十四条 耕地占用税的征收管理，依照本法和《中华人民共和国税收征收管理法》的规定执行。

第十五条 纳税人、税务机关及其工作人员违反本法规定的，依照《中华人民共和国税收征收管理法》和有关法律法规的规定追究法律责任。

第十六条 本法自2019年9月1日起施行。2007年12月1日国务院公布的《中华人民共和国耕地占用税暂行条例》同时废止。

附：

各省、自治区、直辖市耕地占用税平增税额表

省、自治区、直辖市	平均税额（元/平方米）
上海	45
北京	40
天津	35
江苏、浙江、福建、广东	30
辽宁、湖北、湖南	25
河北、安徽、江西、山东、河南、重庆、四川	22.5
广西、海南、贵州、云南、陕西	20
山西、吉林、黑龙江	17.5
内蒙古、西藏、甘肃、青海、宁夏、新疆	12.5

中华人民共和国农村土地承包经营纠纷调解仲裁法

（2009 年 6 月 27 日第十一届全国人民代表大会常务委员会第九次会议通过）

第一章　总　　则

第一条　为了公正、及时解决农村土地承包经营纠纷，维护当事人的合法权益，促进农村经济发展和社会稳定，制定本法。

第二条　农村土地承包经营纠纷调解和仲裁，适用本法。

农村土地承包经营纠纷包括：

（一）因订立、履行、变更、解除和终止农村土地承包合同发生的纠纷；

（二）因农村土地承包经营权转包、出租、互换、转让、入股等流转发生的纠纷；

（三）因收回、调整承包地发生的纠纷；

（四）因确认农村土地承包经营权发生的纠纷；

（五）因侵害农村土地承包经营权发生的纠纷；

（六）法律、法规规定的其他农村土地承包经营纠纷。

因征收集体所有的土地及其补偿发生的纠纷，不属于农村土地承包仲裁委员会的受理范围，可以通过行政复议或者诉讼等方式解决。

第三条 发生农村土地承包经营纠纷的，当事人可以自行和解，也可以请求村民委员会、乡(镇)人民政府等调解。

第四条 当事人和解、调解不成或者不愿和解、调解的，可以向农村土地承包仲裁委员会申请仲裁，也可以直接向人民法院起诉。

第五条 农村土地承包经营纠纷调解和仲裁，应当公开、公平、公正，便民高效，根据事实，符合法律，尊重社会公德。

第六条 县级以上人民政府应当加强对农村土地承包经营纠纷调解和仲裁工作的指导。

县级以上人民政府农村土地承包管理部门及其他有关部门应当依照职责分工，支持有关调解组织和农村土地承包仲裁委员会依法开展工作。

第二章　调　　解

第七条 村民委员会、乡(镇)人民政府应当加强农村土地承包经营纠纷的调解工作，帮助当事人达成协议解决纠纷。

第八条 当事人申请农村土地承包经营纠纷调解可以书面申请，也可以口头申请。口头申请的，由村民委员会或者乡(镇)人民政府当场记录申请人的基本情况、申请调解的纠纷事项、理由和时间。

第九条 调解农村土地承包经营纠纷，村民委员会或者乡(镇)人民政府应当充分听取当事人对事实和理由的陈述，讲解有关法律以及国家政策，耐心疏导，帮助当事人达成协议。

第十条 经调解达成协议的，村民委员会或者乡(镇)人民政府应当制作调解协议书。

调解协议书由双方当事人签名、盖章或者按指印，经调解人员签名并加盖调解组织印章后生效。

第十一条 仲裁庭对农村土地承包经营纠纷应当进行调解。调解达成协议的,仲裁庭应当制作调解书;调解不成的,应当及时作出裁决。

调解书应当写明仲裁请求和当事人协议的结果。调解书由仲裁员签名,加盖农村土地承包仲裁委员会印章,送达双方当事人。

调解书经双方当事人签收后,即发生法律效力。在调解书签收前当事人反悔的,仲裁庭应当及时作出裁决。

第三章 仲 裁

第一节 仲裁委员会和仲裁员

第十二条 农村土地承包仲裁委员会,根据解决农村土地承包经营纠纷的实际需要设立。农村土地承包仲裁委员会可以在县和不设区的市设立,也可以在设区的市或者其市辖区设立。

农村土地承包仲裁委员会在当地人民政府指导下设立。设立农村土地承包仲裁委员会的,其日常工作由当地农村土地承包管理部门承担。

第十三条 农村土地承包仲裁委员会由当地人民政府及其有关部门代表、有关人民团体代表、农村集体经济组织代表、农民代表和法律、经济等相关专业人员兼任组成,其中农民代表和法律、经济等相关专业人员不得少于组成人员的二分之一。

农村土地承包仲裁委员会设主任一人、副主任一至二人和委员若干人。主任、副主任由全体组成人员选举产生。

第十四条 农村土地承包仲裁委员会依法履行下列职责:

(一)聘任、解聘仲裁员;

(二)受理仲裁申请;

(三)监督仲裁活动。

农村土地承包仲裁委员会应当依照本法制定章程,对其组成人员的产生方式及任期、议事规则等作出规定。

第十五条 农村土地承包仲裁委员会应当从公道正派的人员中聘任仲裁员。

仲裁员应当符合下列条件之一:

(一)从事农村土地承包管理工作满五年;

(二)从事法律工作或者人民调解工作满五年;

(三)在当地威信较高,并熟悉农村土地承包法律以及国家政策的居民。

第十六条 农村土地承包仲裁委员会应当对仲裁员进行农村土地承包法律以及国家政策的培训。

省、自治区、直辖市人民政府农村土地承包管理部门应当制定仲裁员培训计划,加强对仲裁员培训工作的组织和指导。

第十七条 农村土地承包仲裁委员会组成人员、仲裁员应当依法履行职责,遵守农村土地承包仲裁委员会章程和仲裁规则,不得索贿受贿、徇私舞弊,不得侵害当事人的合法权益。

仲裁员有索贿受贿、徇私舞弊、枉法裁决以及接受当事人请客送礼等违法违纪行为的,农村土地承包仲裁委员会应当将其除名;构成犯罪的,依法追究刑事责任。

县级以上地方人民政府及有关部门应当受理对农村土地承包仲裁委员会组成人员、仲裁员违法违纪行为的投诉和举报,并依法组织查处。

第二节 申请和受理

第十八条 农村土地承包经营纠纷申请仲裁的时效期间为二年,自当事人知道或者应当知道其权利被侵害之日起计算。

第十九条　农村土地承包经营纠纷仲裁的申请人、被申请人为当事人。家庭承包的，可以由农户代表人参加仲裁。当事人一方人数众多的，可以推选代表人参加仲裁。

与案件处理结果有利害关系的，可以申请作为第三人参加仲裁，或者由农村土地承包仲裁委员会通知其参加仲裁。

当事人、第三人可以委托代理人参加仲裁。

第二十条　申请农村土地承包经营纠纷仲裁应当符合下列条件：

（一）申请人与纠纷有直接的利害关系；

（二）有明确的被申请人；

（三）有具体的仲裁请求和事实、理由；

（四）属于农村土地承包仲裁委员会的受理范围。

第二十一条　当事人申请仲裁，应当向纠纷涉及的土地所在地的农村土地承包仲裁委员会递交仲裁申请书。仲裁申请书可以邮寄或者委托他人代交。仲裁申请书应当载明申请人和被申请人的基本情况，仲裁请求和所根据的事实、理由，并提供相应的证据和证据来源。

书面申请确有困难的，可以口头申请，由农村土地承包仲裁委员会记入笔录，经申请人核实后由其签名、盖章或者按指印。

第二十二条　农村土地承包仲裁委员会应当对仲裁申请予以审查，认为符合本法第二十条规定的，应当受理。有下列情形之一的，不予受理；已受理的，终止仲裁程序：

（一）不符合申请条件；

（二）人民法院已受理该纠纷；

（三）法律规定该纠纷应当由其他机构处理；

（四）对该纠纷已有生效的判决、裁定、仲裁裁决、行政处理决定等。

第二十三条 农村土地承包仲裁委员会决定受理的，应当自收到仲裁申请之日起五个工作日内，将受理通知书、仲裁规则和仲裁员名册送达申请人；决定不予受理或者终止仲裁程序的，应当自收到仲裁申请或者发现终止仲裁程序情形之日起五个工作日内书面通知申请人，并说明理由。

第二十四条 农村土地承包仲裁委员会应当自受理仲裁申请之日起五个工作日内，将受理通知书、仲裁申请书副本、仲裁规则和仲裁员名册送达被申请人。

第二十五条 被申请人应当自收到仲裁申请书副本之日起十日内向农村土地承包仲裁委员会提交答辩书；书面答辩确有困难的，可以口头答辩，由农村土地承包仲裁委员会记入笔录，经被申请人核实后由其签名、盖章或者按指印。农村土地承包仲裁委员会应当自收到答辩书之日起五个工作日内将答辩书副本送达申请人。被申请人未答辩的，不影响仲裁程序的进行。

第二十六条 一方当事人因另一方当事人的行为或者其他原因，可能使裁决不能执行或者难以执行的，可以申请财产保全。

当事人申请财产保全的，农村土地承包仲裁委员会应当将当事人的申请提交被申请人住所地或者财产所在地的基层人民法院。

申请有错误的，申请人应当赔偿被申请人因财产保全所遭受的损失。

第三节 仲裁庭的组成

第二十七条 仲裁庭由三名仲裁员组成，首席仲裁员由当事人共同选定，其他二名仲裁员由当事人各自选定；当事人不能选定的，由农村土地承包仲裁委员会主任指定。

事实清楚、权利义务关系明确、争议不大的农村土地承包经营纠纷，经双方当事人同意，可以由一名仲裁员仲裁。仲裁员由当事人共同选定或者由农村土地承包仲裁委员会主任指定。

农村土地承包仲裁委员会应当自仲裁庭组成之日起二个工作日内将仲裁庭组成情况通知当事人。

第二十八条 仲裁员有下列情形之一的,必须回避,当事人也有权以口头或者书面方式申请其回避:

(一)是本案当事人或者当事人、代理人的近亲属;

(二)与本案有利害关系;

(三)与本案当事人、代理人有其他关系,可能影响公正仲裁;

(四)私自会见当事人、代理人,或者接受当事人、代理人的请客送礼。

当事人提出回避申请,应当说明理由,在首次开庭前提出。回避事由在首次开庭后知道的,可以在最后一次开庭终结前提出。

第二十九条 农村土地承包仲裁委员会对回避申请应当及时作出决定,以口头或者书面方式通知当事人,并说明理由。

仲裁员是否回避,由农村土地承包仲裁委员会主任决定;农村土地承包仲裁委员会主任担任仲裁员时,由农村土地承包仲裁委员会集体决定。

仲裁员因回避或者其他原因不能履行职责的,应当依照本法规定重新选定或者指定仲裁员。

第四节 开庭和裁决

第三十条 农村土地承包经营纠纷仲裁应当开庭进行。

开庭可以在纠纷涉及的土地所在地的乡(镇)或者村进行,也可以在农村土地承包仲裁委员会所在地进行。当事人双方要求在乡(镇)或者村开庭的,应当在该乡(镇)或者村开庭。

开庭应当公开,但涉及国家秘密、商业秘密和个人隐私以及当事人约定不公开的除外。

第三十一条 仲裁庭应当在开庭五个工作日前将开庭的时间、地点通知当事人和其他仲裁参与人。

当事人有正当理由的，可以向仲裁庭请求变更开庭的时间、地点。是否变更，由仲裁庭决定。

第三十二条 当事人申请仲裁后，可以自行和解。达成和解协议的，可以请求仲裁庭根据和解协议作出裁决书，也可以撤回仲裁申请。

第三十三条 申请人可以放弃或者变更仲裁请求。被申请人可以承认或者反驳仲裁请求，有权提出反请求。

第三十四条 仲裁庭作出裁决前，申请人撤回仲裁申请的，除被申请人提出反请求的外，仲裁庭应当终止仲裁。

第三十五条 申请人经书面通知，无正当理由不到庭或者未经仲裁庭许可中途退庭的，可以视为撤回仲裁申请。

被申请人经书面通知，无正当理由不到庭或者未经仲裁庭许可中途退庭的，可以缺席裁决。

第三十六条 当事人在开庭过程中有权发表意见、陈述事实和理由、提供证据、进行质证和辩论。对不通晓当地通用语言文字的当事人，农村土地承包仲裁委员会应当为其提供翻译。

第三十七条 当事人应当对自己的主张提供证据。与纠纷有关的证据由作为当事人一方的发包方等掌握管理的，该当事人应当在仲裁庭指定的期限内提供，逾期不提供的，应当承担不利后果。

第三十八条 仲裁庭认为有必要收集的证据，可以自行收集。

第三十九条 仲裁庭对专门性问题认为需要鉴定的，可以交由当事人约定的鉴定机构鉴定；当事人没有约定的，由仲裁庭指定的鉴定机构鉴定。

根据当事人的请求或者仲裁庭的要求，鉴定机构应当派鉴定人参加开庭。当事人经仲裁庭许可，可以向鉴定人提问。

第四十条 证据应当在开庭时出示,但涉及国家秘密、商业秘密和个人隐私的证据不得在公开开庭时出示。

仲裁庭应当依照仲裁规则的规定开庭,给予双方当事人平等陈述、辩论的机会,并组织当事人进行质证。

经仲裁庭查证属实的证据,应当作为认定事实的根据。

第四十一条 在证据可能灭失或者以后难以取得的情况下,当事人可以申请证据保全。当事人申请证据保全的,农村土地承包仲裁委员会应当将当事人的申请提交证据所在地的基层人民法院。

第四十二条 对权利义务关系明确的纠纷,经当事人申请,仲裁庭可以先行裁定维持现状、恢复农业生产以及停止取土、占地等行为。

一方当事人不履行先行裁定的,另一方当事人可以向人民法院申请执行,但应当提供相应的担保。

第四十三条 仲裁庭应当将开庭情况记入笔录,由仲裁员、记录人员、当事人和其他仲裁参与人签名、盖章或者按指印。

当事人和其他仲裁参与人认为对自己陈述的记录有遗漏或者差错的,有权申请补正。如果不予补正,应当记录该申请。

第四十四条 仲裁庭应当根据认定的事实和法律以及国家政策作出裁决并制作裁决书。

裁决应当按照多数仲裁员的意见作出,少数仲裁员的不同意见可以记入笔录。仲裁庭不能形成多数意见时,裁决应当按照首席仲裁员的意见作出。

第四十五条 裁决书应当写明仲裁请求、争议事实、裁决理由、裁决结果、裁决日期以及当事人不服仲裁裁决的起诉权利、期限,由仲裁员签名,加盖农村土地承包仲裁委员会印章。

农村土地承包仲裁委员会应当在裁决作出之日起三个工作日内将裁决书送达当事人,并告知当事人不服仲裁裁决的起诉权利、期限。

第四十六条 仲裁庭依法独立履行职责，不受行政机关、社会团体和个人的干涉。

第四十七条 仲裁农村土地承包经营纠纷，应当自受理仲裁申请之日起六十日内结束；案情复杂需要延长的，经农村土地承包仲裁委员会主任批准可以延长，并书面通知当事人，但延长期限不得超过三十日。

第四十八条 当事人不服仲裁裁决的，可以自收到裁决书之日起三十日内向人民法院起诉。逾期不起诉的，裁决书即发生法律效力。

第四十九条 当事人对发生法律效力的调解书、裁决书，应当依照规定的期限履行。一方当事人逾期不履行的，另一方当事人可以向被申请人住所地或者财产所在地的基层人民法院申请执行。受理申请的人民法院应当依法执行。

第四章　附　　则

第五十条 本法所称农村土地，是指农民集体所有和国家所有依法由农民集体使用的耕地、林地、草地，以及其他依法用于农业的土地。

第五十一条 农村土地承包经营纠纷仲裁规则和农村土地承包仲裁委员会示范章程，由国务院农业、林业行政主管部门依照本法规定共同制定。

第五十二条 农村土地承包经营纠纷仲裁不得向当事人收取费用，仲裁工作经费纳入财政预算予以保障。

第五十三条 本法自2010年1月1日起施行。

最高人民法院关于审理涉及农村土地承包纠纷案件适用法律问题的解释

(2005年3月29日最高人民法院审判委员会第1346次会议通过 根据2020年12月23日最高人民法院审判委员会第1823次会议通过的《最高人民法院关于修改〈最高人民法院关于在民事审判工作中适用《中华人民共和国工会法》若干问题的解释〉等二十七件民事类司法解释的决定》修正)

为正确审理农村土地承包纠纷案件,依法保护当事人的合法权益,根据《中华人民共和国民法典》《中华人民共和国农村土地承包法》《中华人民共和国土地管理法》《中华人民共和国民事诉讼法》等法律的规定,结合民事审判实践,制定本解释。

一、受理与诉讼主体

第一条 下列涉及农村土地承包民事纠纷,人民法院应当依法受理:

(一)承包合同纠纷;

(二)承包经营权侵权纠纷;

(三)土地经营权侵权纠纷;

(四)承包经营权互换、转让纠纷;

(五)土地经营权流转纠纷;

(六)承包地征收补偿费用分配纠纷;

(七)承包经营权继承纠纷;

(八)土地经营权继承纠纷。

农村集体经济组织成员因未实际取得土地承包经营权提起民事诉讼的,人民法院应当告知其向有关行政主管部门申请解决。

农村集体经济组织成员就用于分配的土地补偿费数额提起民事诉讼的,人民法院不予受理。

第二条 当事人自愿达成书面仲裁协议的,受诉人民法院应当参照《最高人民法院关于适用〈中华人民共和国民事诉讼法〉的解释》第二百一十五条、第二百一十六条的规定处理。

当事人未达成书面仲裁协议,一方当事人向农村土地承包仲裁机构申请仲裁,另一方当事人提起诉讼的,人民法院应予受理,并书面通知仲裁机构。但另一方当事人接受仲裁管辖后又起诉的,人民法院不予受理。

当事人对仲裁裁决不服并在收到裁决书之日起三十日内提起诉讼的,人民法院应予受理。

第三条 承包合同纠纷,以发包方和承包方为当事人。

前款所称承包方是指以家庭承包方式承包本集体经济组织农村土地的农户,以及以其他方式承包农村土地的组织或者个人。

第四条 农户成员为多人的,由其代表人进行诉讼。

农户代表人按照下列情形确定:

(一)土地承包经营权证等证书上记载的人;

(二)未依法登记取得土地承包经营权证等证书的,为在承包合同上签名的人;

(三)前两项规定的人死亡、丧失民事行为能力或者因其他原因无法进行诉讼的,为农户成员推选的人。

二、家庭承包纠纷案件的处理

第五条 承包合同中有关收回、调整承包地的约定违反农村土地承包法第二十七条、第二十八条、第三十一条规定的,应当认定该约定无效。

第六条 因发包方违法收回、调整承包地,或者因发包方收回承包方弃耕、撂荒的承包地产生的纠纷,按照下列情形,分别处理:

(一)发包方未将承包地另行发包,承包方请求返还承包地的,应予支持;

(二)发包方已将承包地另行发包给第三人,承包方以发包方和第三人为共同被告,请求确认其所签订的承包合同无效、返还承包地并赔偿损失的,应予支持。但属于承包方弃耕、撂荒情形的,对其赔偿损失的诉讼请求,不予支持。

前款第(二)项所称的第三人,请求受益方补偿其在承包地上的合理投入的,应予支持。

第七条 承包合同约定或者土地承包经营权证等证书记载的承包期限短于农村土地承包法规定的期限,承包方请求延长的,应予支持。

第八条 承包方违反农村土地承包法第十八条规定,未经依法批准将承包地用于非农建设或者对承包地造成永久性损害,发包方请求承包方停止侵害、恢复原状或者赔偿损失的,应予支持。

第九条 发包方根据农村土地承包法第二十七条规定收回承包地前,承包方已经以出租、入股或者其他形式将其土地经营权流转给第三人,且流转期限尚未届满,因流转价款收取产生的纠纷,按照下列情形,分别处理:

(一)承包方已经一次性收取了流转价款,发包方请求承包方返还剩余流转期限的流转价款的,应予支持;

（二）流转价款为分期支付，发包方请求第三人按照流转合同的约定支付流转价款的，应予支持。

第十条 承包方交回承包地不符合农村土地承包法第三十条规定程序的，不得认定其为自愿交回。

第十一条 土地经营权流转中，本集体经济组织成员在流转价款、流转期限等主要内容相同的条件下主张优先权的，应予支持。但下列情形除外：

（一）在书面公示的合理期限内未提出优先权主张的；

（二）未经书面公示，在本集体经济组织以外的人开始使用承包地两个月内未提出优先权主张的。

第十二条 发包方胁迫承包方将土地经营权流转给第三人，承包方请求撤销其与第三人签订的流转合同的，应予支持。

发包方阻碍承包方依法流转土地经营权，承包方请求排除妨碍、赔偿损失的，应予支持。

第十三条 承包方未经发包方同意，转让其土地承包经营权的，转让合同无效。但发包方无法定理由不同意或者拖延表态的除外。

第十四条 承包方依法采取出租、入股或者其他方式流转土地经营权，发包方仅以该土地经营权流转合同未报其备案为由，请求确认合同无效的，不予支持。

第十五条 因承包方不收取流转价款或者向对方支付费用的约定产生纠纷，当事人协商变更无法达成一致，且继续履行又显失公平的，人民法院可以根据发生变更的客观情况，按照公平原则处理。

第十六条 当事人对出租地流转期限没有约定或者约定不明的，参照民法典第七百三十条规定处理。除当事人另有约定或者属于林地承包经营外，承包地交回的时间应当在农作物收获期结束后或者下一耕种期开始前。

对提高土地生产能力的投入，对方当事人请求承包方给予相应补偿的，应予支持。

第十七条 发包方或者其他组织、个人擅自截留、扣缴承包收益或者土地经营权流转收益,承包方请求返还的,应予支持。

发包方或者其他组织、个人主张抵销的,不予支持。

三、其他方式承包纠纷的处理

第十八条 本集体经济组织成员在承包费、承包期限等主要内容相同的条件下主张优先承包的,应予支持。但在发包方将农村土地发包给本集体经济组织以外的组织或者个人,已经法律规定的民主议定程序通过,并由乡(镇)人民政府批准后主张优先承包的,不予支持。

第十九条 发包方就同一土地签订两个以上承包合同,承包方均主张取得土地经营权的,按照下列情形,分别处理:

(一)已经依法登记的承包方,取得土地经营权;

(二)均未依法登记的,生效在先合同的承包方取得土地经营权;

(三)依前两项规定无法确定的,已经根据承包合同合法占有使用承包地的人取得土地经营权,但争议发生后一方强行先占承包地的行为和事实,不得作为确定土地经营权的依据。

四、土地征收补偿费用分配及土地承包经营权继承纠纷的处理

第二十条 承包地被依法征收,承包方请求发包方给付已经收到的地上附着物和青苗的补偿费的,应予支持。

承包方已将土地经营权以出租、入股或者其他方式流转给第三人的,除当事

人另有约定外,青苗补偿费归实际投入人所有,地上附着物补偿费归附着物所有人所有。

第二十一条 承包地被依法征收,放弃统一安置的家庭承包方,请求发包方给付已经收到的安置补助费的,应予支持。

第二十二条 农村集体经济组织或者村民委员会、村民小组,可以依照法律规定的民主议定程序,决定在本集体经济组织内部分配已经收到的土地补偿费。征地补偿安置方案确定时已经具有本集体经济组织成员资格的人,请求支付相应份额的,应予支持。但已报全国人大常委会、国务院备案的地方性法规、自治条例和单行条例、地方政府规章对土地补偿费在农村集体经济组织内部的分配办法另有规定的除外。

第二十三条 林地家庭承包中,承包方的继承人请求在承包期内继续承包的,应予支持。

其他方式承包中,承包方的继承人或者权利义务承受者请求在承包期内继续承包的,应予支持。

五、其他规定

第二十四条 人民法院在审理涉及本解释第五条、第六条第一款第(二)项及第二款、第十五条的纠纷案件时,应当着重进行调解。必要时可以委托人民调解组织进行调解。

第二十五条 本解释自2005年9月1日起施行。施行后受理的第一审案件,适用本解释的规定。

施行前已经生效的司法解释与本解释不一致的,以本解释为准。

最高人民法院关于审理涉及农村土地承包经营纠纷调解仲裁案件适用法律若干问题的解释

（2013年12月27日最高人民法院审判委员会第1601次会议通过　根据2020年12月23日最高人民法院审判委员会第1823次会议通过的《最高人民法院关于修改〈最高人民法院关于在民事审判工作中适用《中华人民共和国工会法》若干问题的解释〉等二十七件民事类司法解释的决定》修正）

为正确审理涉及农村土地承包经营纠纷调解仲裁案件，根据《中华人民共和国农村土地承包法》《中华人民共和国农村土地承包经营纠纷调解仲裁法》《中华人民共和国民事诉讼法》等法律的规定，结合民事审判实践，就审理涉及农村土地承包经营纠纷调解仲裁案件适用法律的若干问题，制定本解释。

第一条　农村土地承包仲裁委员会根据农村土地承包经营纠纷调解仲裁法第十八条规定，以超过申请仲裁的时效期间为由驳回申请后，当事人就同一纠纷提起诉讼的，人民法院应予受理。

第二条　当事人在收到农村土地承包仲裁委员会作出的裁决书之日起三十日后或者签收农村土地承包仲裁委员会作出的调解书后，就同一纠纷向人民法院提起诉讼的，裁定不予受理；已经受理的，裁定驳回起诉。

第三条 当事人在收到农村土地承包仲裁委员会作出的裁决书之日起三十日内,向人民法院提起诉讼,请求撤销仲裁裁决的,人民法院应当告知当事人就原纠纷提起诉讼。

第四条 农村土地承包仲裁委员会依法向人民法院提交当事人财产保全申请的,申请财产保全的当事人为申请人。

农村土地承包仲裁委员会应当提交下列材料:

(一)财产保全申请书;

(二)农村土地承包仲裁委员会发出的受理案件通知书;

(三)申请人的身份证明;

(四)申请保全财产的具体情况。

人民法院采取保全措施,可以责令申请人提供担保,申请人不提供担保的,裁定驳回申请。

第五条 人民法院对农村土地承包仲裁委员会提交的财产保全申请材料,应当进行审查。符合前条规定的,应予受理;申请材料不齐全或不符合规定的,人民法院应当告知农村土地承包仲裁委员会需要补齐的内容。

人民法院决定受理的,应当于三日内向当事人送达受理通知书并告知农村土地承包仲裁委员会。

第六条 人民法院受理财产保全申请后,应当在十日内作出裁定。因特殊情况需要延长的,经本院院长批准,可以延长五日。

人民法院接受申请后,对情况紧急的,必须在四十八小时内作出裁定;裁定采取保全措施的,应当立即开始执行。

第七条 农村土地承包经营纠纷仲裁中采取的财产保全措施,在申请保全的当事人依法提起诉讼后,自动转为诉讼中的财产保全措施,并适用《最高人民法院关于适用〈中华人民共和国民事诉讼法〉的解释》第四百八十七条关于查封、扣押、冻结期限的规定。

第八条　农村土地承包仲裁委员会依法向人民法院提交当事人证据保全申请的,应当提供下列材料:

(一)证据保全申请书;

(二)农村土地承包仲裁委员会发出的受理案件通知书;

(三)申请人的身份证明;

(四)申请保全证据的具体情况。

对证据保全的具体程序事项,适用本解释第五、六、七条关于财产保全的规定。

第九条　农村土地承包仲裁委员会作出先行裁定后,一方当事人依法向被执行人住所地或者被执行的财产所在地基层人民法院申请执行的,人民法院应予受理和执行。

申请执行先行裁定的,应当提供以下材料:

(一)申请执行书;

(二)农村土地承包仲裁委员会作出的先行裁定书;

(三)申请执行人的身份证明;

(四)申请执行人提供的担保情况;

(五)其他应当提交的文件或证件。

第十条　当事人根据农村土地承包经营纠纷调解仲裁法第四十九条规定,向人民法院申请执行调解书、裁决书,符合《最高人民法院关于人民法院执行工作若干问题的规定(试行)》第十六条规定条件的,人民法院应予受理和执行。

第十一条　当事人因不服农村土地承包仲裁委员会作出的仲裁裁决向人民法院提起诉讼的,起诉期从其收到裁决书的次日起计算。

第十二条　本解释施行后,人民法院尚未审结的一审、二审案件适用本解释规定。本解释施行前已经作出生效裁判的案件,本解释施行后依法再审的,不适用本解释规定。

农村土地经营权流转管理办法

(2021年1月10日农业农村部第1次常务会议审议通过
2021年1月26日公布　自2021年3月1日起施行)

第一章　总　　则

第一条　为了规范农村土地经营权(以下简称土地经营权)流转行为,保障流转当事人合法权益,加快农业农村现代化,维护农村社会和谐稳定,根据《中华人民共和国农村土地承包法》等法律及有关规定,制定本办法。

第二条　土地经营权流转应当坚持农村土地农民集体所有、农户家庭承包经营的基本制度,保持农村土地承包关系稳定并长久不变,遵循依法、自愿、有偿原则,任何组织和个人不得强迫或者阻碍承包方流转土地经营权。

第三条　土地经营权流转不得损害农村集体经济组织和利害关系人的合法权益,不得破坏农业综合生产能力和农业生态环境,不得改变承包土地的所有权性质及其农业用途,确保农地农用,优先用于粮食生产,制止耕地“非农化”、防止耕地“非粮化”。

第四条　土地经营权流转应当因地制宜、循序渐进,把握好流转、集中、规模经营的度,流转规模应当与城镇化进程和农村劳动力转移规模相适应,与农业科技进步和生产手段改进程度相适应,与农业社会化服务水平提高相适应,鼓励各地建立多种形式的土地经营权流转风险防范和保障机制。

第五条 农业农村部负责全国土地经营权流转及流转合同管理的指导。

县级以上地方人民政府农业农村主管(农村经营管理)部门依照职责,负责本行政区域内土地经营权流转及流转合同管理。

乡(镇)人民政府负责本行政区域内土地经营权流转及流转合同管理。

第二章 流转当事人

第六条 承包方在承包期限内有权依法自主决定土地经营权是否流转,以及流转对象、方式、期限等。

第七条 土地经营权流转收益归承包方所有,任何组织和个人不得擅自截留、扣缴。

第八条 承包方自愿委托发包方、中介组织或者他人流转其土地经营权的,应当由承包方出具流转委托书。委托书应当载明委托的事项、权限和期限等,并由委托人和受托人签字或者盖章。

没有承包方的书面委托,任何组织和个人无权以任何方式决定流转承包方的土地经营权。

第九条 土地经营权流转的受让方应当为具有农业经营能力或者资质的组织和个人。在同等条件下,本集体经济组织成员享有优先权。

第十条 土地经营权流转的方式、期限、价款和具体条件,由流转双方平等协商确定。流转期限届满后,受让方享有以同等条件优先续约的权利。

第十一条 受让方应当依照有关法律法规保护土地,禁止改变土地的农业用途。禁止闲置、荒芜耕地,禁止占用耕地建窑、建坟或者擅自在耕地上建房、挖砂、采石、采矿、取土等。禁止占用永久基本农田发展林果业和挖塘养鱼。

第十二条 受让方将流转取得的土地经营权再流转以及向金融机构融资担保的,应当事先取得承包方书面同意,并向发包方备案。

第十三条 经承包方同意，受让方依法投资改良土壤，建设农业生产附属、配套设施，及农业生产中直接用于作物种植和畜禽水产养殖设施的，土地经营权流转合同到期或者未到期由承包方依法提前收回承包土地时，受让方有权获得合理补偿。具体补偿办法可在土地经营权流转合同中约定或者由双方协商确定。

第三章 流转方式

第十四条 承包方可以采取出租（转包）、入股或者其他符合有关法律和国家政策规定的方式流转土地经营权。

出租（转包），是指承包方将部分或者全部土地经营权，租赁给他人从事农业生产经营。

入股，是指承包方将部分或者全部土地经营权作价出资，成为公司、合作经济组织等股东或者成员，并用于农业生产经营。

第十五条 承包方依法采取出租（转包）、入股或者其他方式将土地经营权部分或者全部流转的，承包方与发包方的承包关系不变，双方享有的权利和承担的义务不变。

第十六条 承包方自愿将土地经营权入股公司发展农业产业化经营的，可以采取优先股等方式降低承包方风险。公司解散时入股土地应当退回原承包方。

第四章 流转合同

第十七条 承包方流转土地经营权，应当与受让方在协商一致的基础上签订书面流转合同，并向发包方备案。

承包方将土地交由他人代耕不超过一年的，可以不签订书面合同。

第十八条　承包方委托发包方、中介组织或者他人流转土地经营权的，流转合同应当由承包方或者其书面委托的受托人签订。

第十九条　土地经营权流转合同一般包括以下内容：

（一）双方当事人的姓名或者名称、住所、联系方式等；

（二）流转土地的名称、四至、面积、质量等级、土地类型、地块代码等；

（三）流转的期限和起止日期；

（四）流转方式；

（五）流转土地的用途；

（六）双方当事人的权利和义务；

（七）流转价款或者股份分红，以及支付方式和支付时间；

（八）合同到期后地上附着物及相关设施的处理；

（九）土地被依法征收、征用、占用时有关补偿费的归属；

（十）违约责任。

土地经营权流转合同示范文本由农业农村部制定。

第二十条　承包方不得单方解除土地经营权流转合同，但受让方有下列情形之一的除外：

（一）擅自改变土地的农业用途；

（二）弃耕抛荒连续两年以上；

（三）给土地造成严重损害或者严重破坏土地生态环境；

（四）其他严重违约行为。

有以上情形，承包方在合理期限内不解除土地经营权流转合同的，发包方有权要求终止土地经营权流转合同。

受让方对土地和土地生态环境造成的损害应当依法予以赔偿。

第五章　流 转 管 理

第二十一条　发包方对承包方流转土地经营权、受让方再流转土地经营权以及承包方、受让方利用土地经营权融资担保的,应当办理备案,并报告乡(镇)人民政府农村土地承包管理部门。

第二十二条　乡(镇)人民政府农村土地承包管理部门应当向达成流转意向的双方提供统一文本格式的流转合同,并指导签订。流转合同中有违反法律法规的,应当及时予以纠正。

第二十三条　乡(镇)人民政府农村土地承包管理部门应当建立土地经营权流转台账,及时准确记载流转情况。

第二十四条　乡(镇)人民政府农村土地承包管理部门应当对土地经营权流转有关文件、资料及流转合同等进行归档并妥善保管。

第二十五条　鼓励各地建立土地经营权流转市场或者农村产权交易市场。县级以上地方人民政府农业农村主管(农村经营管理)部门应当加强业务指导,督促其建立健全运行规则,规范开展土地经营权流转政策咨询、信息发布、合同签订、交易鉴证、权益评估、融资担保、档案管理等服务。

第二十六条　县级以上地方人民政府农业农村主管(农村经营管理)部门应当按照统一标准和技术规范建立国家、省、市、县等互联互通的农村土地承包信息应用平台,健全土地经营权流转合同网签制度,提升土地经营权流转规范化、信息化管理水平。

第二十七条　县级以上地方人民政府农业农村主管(农村经营管理)部门应当加强对乡(镇)人民政府农村土地承包管理部门工作的指导。乡(镇)人民政府农村土地承包管理部门应当依法开展土地经营权流转的指导和管理工作。

第二十八条　县级以上地方人民政府农业农村主管(农村经营管理)部门应

当加强服务,鼓励受让方发展粮食生产;鼓励和引导工商企业等社会资本(包括法人、非法人组织或者自然人等)发展适合企业化经营的现代种养业。

县级以上地方人民政府农业农村主管(农村经营管理)部门应当根据自然经济条件、农村劳动力转移情况、农业机械化水平等因素,引导受让方发展适度规模经营,防止垒大户。

第二十九条 县级以上地方人民政府对工商企业等社会资本流转土地经营权,依法建立分级资格审查和项目审核制度。审查审核的一般程序如下:

(一)受让主体与承包方就流转面积、期限、价款等进行协商并签订流转意向协议书。涉及未承包到户集体土地等集体资源的,应当按照法定程序经本集体经济组织成员的村民会议三分之二以上成员或者三分之二以上村民代表的同意,并与集体经济组织签订流转意向协议书。

(二)受让主体按照分级审查审核规定,分别向乡(镇)人民政府农村土地承包管理部门或者县级以上地方人民政府农业农村主管(农村经营管理)部门提出申请,并提交流转意向协议书、农业经营能力或者资质证明、流转项目规划等相关材料。

(三)县级以上地方人民政府或者乡(镇)人民政府应当依法组织相关职能部门、农村集体经济组织代表、农民代表、专家等就土地用途、受让主体农业经营能力,以及经营项目是否符合粮食生产等产业规划等进行审查审核,并于受理之日起20个工作日内作出审查审核意见。

(四)审查审核通过的,受让主体与承包方签订土地经营权流转合同。未按规定提交审查审核申请或者审查审核未通过的,不得开展土地经营权流转活动。

第三十条 县级以上地方人民政府依法建立工商企业等社会资本通过流转取得土地经营权的风险防范制度,加强事中事后监管,及时查处纠正违法违规行为。

鼓励承包方和受让方在土地经营权流转市场或者农村产权交易市场公开

交易。

对整村(组)土地经营权流转面积较大、涉及农户较多、经营风险较高的项目,流转双方可以协商设立风险保障金。

鼓励保险机构为土地经营权流转提供流转履约保证保险等多种形式保险服务。

第三十一条 农村集体经济组织为工商企业等社会资本流转土地经营权提供服务的,可以收取适量管理费用。收取管理费用的金额和方式应当由农村集体经济组织、承包方和工商企业等社会资本三方协商确定。管理费用应当纳入农村集体经济组织会计核算和财务管理,主要用于农田基本建设或者其他公益性支出。

第三十二条 县级以上地方人民政府可以根据本办法,结合本行政区域实际,制定工商企业等社会资本通过流转取得土地经营权的资格审查、项目审核和风险防范实施细则。

第三十三条 土地经营权流转发生争议或者纠纷的,当事人可以协商解决,也可以请求村民委员会、乡(镇)人民政府等进行调解。

当事人不愿意协商、调解或者协商、调解不成的,可以向农村土地承包仲裁机构申请仲裁,也可以直接向人民法院提起诉讼。

第六章　附　　则

第三十四条 本办法所称农村土地,是指除林地、草地以外的,农民集体所有和国家所有依法由农民集体使用的耕地和其他用于农业的土地。

本办法所称农村土地经营权流转,是指在承包方与发包方承包关系保持不变的前提下,承包方依法在一定期限内将土地经营权部分或者全部交由他人自主开展农业生产经营的行为。

第三十五条 通过招标、拍卖和公开协商等方式承包荒山、荒沟、荒丘、荒滩等农村土地,经依法登记取得权属证书的,可以流转土地经营权,其流转管理参照本办法执行。

第三十六条 本办法自2021年3月1日起施行。农业部2005年1月19日发布的《农村土地承包经营权流转管理办法》(农业部令第47号)同时废止。

农业农村部、自然资源部关于规范农村宅基地审批管理的通知

(农经发〔2019〕6号)

各省、自治区、直辖市农业农村(农牧)厅(局、委)、自然资源主管部门,新疆生产建设兵团农业农村局、自然资源局:

为贯彻党和国家机构改革精神,落实新修订的土地管理法有关要求,深化"放管服"改革,进一步加强部门协作配合,落实属地管理责任,现就规范农村宅基地用地建房申请审批有关事项通知如下。

一、切实履行部门职责

农村宅基地用地建房审批管理事关亿万农民居住权益,涉及农业农村、自然资源等部门。各级农业农村、自然资源部门要增强责任意识和服务意识,按照部门职能和国务院"放管服"改革要求,在党委政府的统一领导下,切实履行各自职责。农业农村部门负责农村宅基地改革和管理工作,建立健全宅基地分配、使用、流转、违法用地查处等管理制度,完善宅基地用地标准,指导宅基地合理布

局、闲置宅基地和闲置农房利用；组织开展农村宅基地现状和需求情况统计调查，及时将农民建房新增建设用地需求通报同级自然资源部门；参与编制国土空间规划和村庄规划。自然资源部门负责国土空间规划、土地利用计划和规划许可等工作，在国土空间规划中统筹安排宅基地用地规模和布局，满足合理的宅基地需求，依法办理农用地转用审批和规划许可等相关手续。各级农业农村、自然资源部门要建立部门协调机制，做好信息共享互通，推进管理重心下沉，共同做好农村宅基地审批和建房规划许可管理工作。

二、依法规范农村宅基地审批和建房规划许可管理

农村村民住宅用地，由乡镇政府审核批准；其中，涉及占用农用地的，依照《土地管理法》第四十四条的规定办理农用地转用审批手续。乡镇政府要切实履行属地责任，优化审批流程，提高审批效率，加强事中事后监管，组织做好农村宅基地审批和建房规划许可有关工作，为农民提供便捷高效的服务。

（一）明确申请审查程序

符合宅基地申请条件的农户，以户为单位向所在村民小组提出宅基地和建房（规划许可）书面申请。村民小组收到申请后，应提交村民小组会议讨论，并将申请理由、拟用地位置和面积、拟建房层高和面积等情况在本小组范围内公示。公示无异议或异议不成立的，村民小组将农户申请、村民小组会议记录等材料交村集体经济组织或村民委员会（以下简称村级组织）审查。村级组织重点审查提交的材料是否真实有效、拟用地建房是否符合村庄规划、是否征求了用地建房相邻权利人意见等。审查通过的，由村级组织签署意见，报送乡镇政府。没有分设村民小组或宅基地和建房申请等事项已统一由村级组织办理的，农户直接向村级组织提出申请，经村民代表会议讨论通过并在本集体经济组织范围内公示后，由村级组织签署意见，报送乡镇政府。

（二）完善审核批准机制

市、县人民政府有关部门要加强对宅基地审批和建房规划许可有关工作的指导,乡镇政府要探索建立一个窗口对外受理、多部门内部联动运行的农村宅基地用地建房联审联办制度,方便农民群众办事。公布办理流程和要件,明确农业农村、自然资源等有关部门在材料审核、现场勘查等各环节的工作职责和办理期限。审批工作中,农业农村部门负责审查申请人是否符合申请条件、拟用地是否符合宅基地合理布局要求和面积标准、宅基地和建房(规划许可)申请是否经过村组审核公示等,并综合各有关部门意见提出审批建议。自然资源部门负责审查用地建房是否符合国土空间规划、用途管制要求,其中涉及占用农用地的,应在办理农用地转用审批手续后,核发乡村建设规划许可证;在乡、村庄规划区内使用原有宅基地进行农村村民住宅建设的,可按照本省(区、市)有关规定办理规划许可。涉及林业、水利、电力等部门的要及时征求意见。

根据各部门联审结果,由乡镇政府对农民宅基地申请进行审批,出具《农村宅基地批准书》,鼓励地方将乡村建设规划许可证由乡镇一并发放,并以适当方式公开。乡镇要建立宅基地用地建房审批管理台账,有关资料归档留存,并及时将审批情况报县级农业农村、自然资源等部门备案。

(三)严格用地建房全过程管理

全面落实“三到场”要求。收到宅基地和建房(规划许可)申请后,乡镇政府要及时组织农业农村、自然资源部门实地审查申请人是否符合条件、拟用地是否符合规划和地类等。经批准用地建房的农户,应当在开工前向乡镇政府或授权的牵头部门申请划定宅基地用地范围,乡镇政府及时组织农业农村、自然资源等部门到现场进行开工查验,实地丈量批放宅基地,确定建房位置。农户建房完工后,乡镇政府组织相关部门进行验收,实地检查农户是否按照批准面积、四至等要求使用宅基地,是否按照批准面积和规划要求建设住房,并出具《农村宅基地和建房(规划许可)验收意见表》。通过验收的农户,可以向不动产登记部门申请办理不动产登记。各地要依法组织开展农村用地建房动态巡查,及时发现和处置涉及宅基地使用和建房规划的各类违法违规行为。指导村级组织完善宅基地民主管理程序,探索设立村级宅基地协管员。

三、工作要求

各级农业农村、自然资源部门和县乡政府要切实履职尽责,有序开展工作,确保农民住宅建设用地供应、宅基地分配、农民建房规划管理等工作的连续性和稳定性。

(一)建立共同责任机制

按照部省指导、市县主导、乡镇主责、村级主体的要求,各地要建立健全农村宅基地管理机制。省级农业农村、自然资源等部门要主动入位,加强制度建设,完善相关政策,指导和督促基层开展工作。市县政府要加强组织领导,统筹组织协调相关部门、乡镇政府、村级组织依法履行职责。乡镇政府要充实力量,健全机构,切实承担起宅基地审批和管理职责。村级组织要健全宅基地申请审核有关制度,确保宅基地分配使用公开、公平、公正。

(二)优化细化工作流程

各地要对现行宅基地审批和建房规划许可办事指南、申请表单、申报材料清单等进行梳理,参照附件表单(附件1-6),结合本地实际进一步简化和规范申报材料,抓紧细化优化审批流程和办事指南。要加快信息化建设,逐步实现宅基地用地和建房规划许可数字化管理。

(三)严肃工作纪律

坚决杜绝推诿扯皮和不作为、乱作为的现象,防止出现工作"断层""断档"。对工作不力、玩忽职守、滥用职权、徇私舞弊的,要依法严肃追责。

附件:

1.农村宅基地和建房(规划许可)申请表

2.农村宅基地使用承诺书

3.农村宅基地和建房(规划许可)审批表

4.乡村建设规划许可证

5－1. 农村宅基地批准书

5－2. 附图

6. 农村宅基地和建房(规划许可)验收意见表